# 从保护到赋能

## 农村青春期女童性健康教育教师用书

CONG BAOHU DAO FUNENG

NONGCUN QINGCHUNQI NÜTONG XINGJIANKANG JIAOYU JIAOSHI YONGSHU

主　编　张莉莉　杨贵平

副主编　邵丽丽　张　燕

广西教育出版社

南宁

## 本书编委会

主　编

张莉莉　杨贵平

副主编

邵丽丽　张　燕

项目核心成员

郑新蓉　史静寰　韩嘉玲　杜　亮

高　琳　张海燕　张　焕　张云飞

## 本书作者

张莉莉　邵丽丽　张　燕　林　玲　刘　静

姜冠群　张晓丽　刘舒丹　陈　哲　侯进仁

# 序

女童的生理、心理和人际关系在青春期会发生重大的变化。青春期的健康会直接影响女童将来的社会适应、就业机会、经济收益、家庭生活质量等，同时对下一代的健康成长也会产生重要的影响。

很多研究指出，青春期女童面临的风险是全球性的，主要有：获取性健康知识、技能的正规渠道的匮乏；交友、异性关系等方面的处理方式不成熟；缺乏自我保护意识，易被欺凌、性骚扰甚至性侵犯；被引诱或强迫发生性关系；早婚、早孕；通过性行为传染疾病，比如艾滋病、性病等。在全球化、网络化的时代，青春期女童面对的风险越来越严峻。

中国滋根乡村教育与发展促进会（以下简称“中国滋根”）致力于促进乡村以人为本的可持续发展，支持农村基础教育、基本医疗卫生、环境保护、乡土文化传承的项目，多年来通过教育扶贫，重点支持女童入学和妇女发展。中国滋根支持的女童有近十万人次，从小学到初中毕业，有的进入高中和大学，其中很多人毕业后成为建设家乡的主力军。在一些项目学校，支持设立女生辅导员，开发乡土课程，教授女童心理、生理健康知识，组织妇女开展生殖健康培训等。近十年来，中国滋根通过在农村推广教育来促进可持续发展，如开发、推广乡土培训课程和建立绿色生态文明学校，支持的项目遍布贵州、云南、广西、河南、湖北、四川、河北和山西等地农村，其中很多项目设在少数民族地区。

2013 年起，中国滋根组织调研团队先后在贵州、河北、云南等地的农村学校进行女童人身安全调研，发现一些农村学校特别是寄宿制学校的女童在生理、心理健康方面存在以下问题：

（1）由于缺乏生殖健康的知识和意识，青春期女童感到困惑、恐惧、自卑。

（2）早恋、早婚、早孕使一些女童不能完成九年义务教育。

（3）缺乏性知识和自我保护意识，遭遇性侵犯的风险较大。

（4）女童被拐卖成为许多母亲担心的问题。

（5）缺少合适的教材和女性生活教师，教师不会教，学校也不重视。

（6）母亲缺乏生殖健康的知识和意识，很少和孩子讲健康知识和性知识。

（7）农村寄宿制学校的女童，尤其是留守女童、流动女童是遭遇性侵犯的高风险群体。

通过这些调查发现，针对农村青春期女童的性健康教育欠缺。2013 年至 2015 年，中国滋根先后向中国青少年发展基金会、上海联劝公益基金会、中华少年儿童慈善救助基金会、腾讯公益、支付宝公益等平台申请项目支持，其间也得到诸多性教育专家、妇幼保健工作人员、妇联工作人员、公益同行等专业人士对项目的反馈。2016 年开始，中国滋根与北京师范大学中国民族教育与多元文化研究中心合作，正式开发青春期女童性健康教育教师培训课程。在开发课程的过程中，许多乡村一线教师、家长和高年级女童参与进来，项目组经过多次深入调研访问，编写培训草案，进行试培训，召开多次编委会会议，最终形成培训大纲和教学设计。

培训主要针对从事农村青春期女童性健康教育的乡村一线教师，帮助他们获得各主题的知识和各项技能，提升他们在学校开展相关培训的能力，进而帮助女童掌握一些青春期必备的性健康知识、风险防范知识，增强自我保护意识，提升人际交往及问题解决的能力，唤起她们自身的权利意识，朝着自信、自立、自强的新女性方向发展。本培训课程内容具有普遍性，同时重视地方文化的特殊性，具有社会性别和社会文化视角，提倡同伴互助学习。通过项目实践，致力于建立以县为单位的本地培训师团队，长期、持续、低成本运行；在试点学校进行长期追踪、深度探索、总结经验、不断改进；注重利用宣传手册、短视频、多级讨论会等方式进行宣传，使社会各方能够重视和加强农村青春期女童性健康教育。同时，我们也呼吁学校、家庭、社会能各尽其责，合力为女童的健康成长提供安全、友好、包容、支持的环境。

2013 年起，在民政部，各级教育部门、妇联、团委，基金会，公益组织，社会爱心企业和热心人士的关心与支持下，中国滋根已在贵州省榕江县、黄平县、松桃苗族自治县，云南省玉龙纳西族自治县、宁蒗彝族自治县，河北省青龙满族自治县，湖北省武汉市新洲区，江西省遂川县等地，开展了青春期女童性健康教育项目，培养性健康教育教师或辅导员近 1000 名，直接受益女童超过 4.2 万人。各地培养起来的性健康教育教师或辅导员也将像种子一样，长期在当地开展青春期女童性健康教育工作，同时带动越来越多的教师、家长参与其中。

女童的健康成长对家庭和社会的意义重大，青春期女童的成长需要不仅关系她们一生的健康与安全，而且影响着一个家庭甚至一个国家的下一代。世界范围内很多女童项目的实践经验都证明：尊重儿童，发动当地人参与，寻求有效的解决办法，开展落地的项目实践，对服务人群持续跟踪，注重后续影响，形成社会热点，吸引更多人关注，是回应女童健康这一世界性议题的有益经验和行动模式。让我们为此共同努力吧！

杨贵平

2022 年 1 月

# 前　言

本书是一线教师开展青春期性健康教育的指导用书，也是中国滋根乡村教育与发展促进会与北京师范大学（以下简称“北师大”）中国民族教育与多元文化研究中心“农村青春期女童性健康教育”合作项目的重要成果之一。从20世纪80年代起，中国滋根持续关注女童教育，在一些贫困山区开展了女童助学、女童保护与妇女项目。北师大中国民族教育与多元文化研究中心在创始人郑新蓉教授的领导下，长期关注教育公平与社会发展问题，在性别与教育领域也开展了很多富有成效的工作。2013年，双方合作开发《共创可持续发展的乡村：教师培训手册》（2017年出版），其中性别教育专题包括了青春期女童性健康教育。

在中国滋根的有力推动下，项目组着力探索了农村青春期女童性健康教育的策略和方法。在实践中发现，我国传统的思想和现代性教育理念交织并存，有限的性教育供给与急速增长的性教育需求形成反差，青春期女童性健康教育具有现实的紧迫性。根据2019—2020年中国少年儿童文化艺术基金会女童保护基金性侵儿童案例的数据统计（表1），遭遇性侵人数中，女童比例接近90%。如表2所示，学龄儿童受侵害问题严峻。该调查还表明，儿童性侵案件有以下特点：多为熟人作案，校园等儿童活动场所是高发场地，网络性侵风险增加。

表 1　2019—2020 年媒体公开报道的儿童性侵受害者人数统计

| 年份 | 性侵受害者人数 | 女性受害者人数及比例 * |
| --- | --- | --- |
| 2019 | 807 | 677（89.31%） |
| 2020 | 845 | 743（90.61%） |

* 按照表明性别身份的受害者进行统计

表 2　2019—2020 年媒体公开报道的儿童性侵受害者年龄的分布

| 年份 | 14 岁以下 | 14~18 岁 | 表述为“未成年”“幼女”“儿童” |
| --- | --- | --- | --- |
| 2019 | 57.48% | 16.28% | 26.25% |
| 2020* | 59.64% | 13.55% | 26.81% |

* 按照表明年龄的案例进行统计

在农村尤其是偏远地区农村，女童保护需求更加迫切。在中国滋根基层乡村学校的早期调研中发现，由于缺乏生殖健康知识和自我保护意识，有些青春期女童感到迷惑、恐惧、自卑。如一名云南女孩在信中写道：“我发现了自己身体的一些变化，我不明白为什么，甚至都不敢出门，害怕别人嘲笑自己。”调研发现，开展性健康教育有利于预防性侵的发生，但在现实中存在两大困难：一是家长观念上不重视，隐含着一些羞于表达的顾虑；二是学校缺乏师资、教材，同时也担心家长难以接受。

基于以上背景，合作项目于 2015 年正式立项，经历了需求调研、框架开发、课件设计、试用、培训者培训、一线应用、教材编写与修改等阶段。

为了解青春期女童性健康教育的实际需求，项目组在云南省玉龙纳西族自治县、河北省青龙满族自治县开展了实地调研。与学生的访谈显示，学生渴望获得有关青春期的变化、青春期的情感应对和自我保护等方面的知识与技能，并对青春期性健康教育非常期待。然而，两地的情况存在差异；青龙满族自治县的调查显示，初中生面对的性诱惑与性风险不容忽视，但教师担心家长难以接受这一敏感话题，因此开展性教育存在一定顾虑；玉龙纳西族自治县的教师和家长对于性教育的接受程度相对较高，相关问题的讨论也更加开放，但山区学校单亲家庭学生比例高，性教育缺失严重，偏远山区的早婚早孕问题也未得到根本性解决，女童保护面临更大挑战。

项目组还邀请了日本早稻田大学新保敦子教授参与云南省玉龙纳西族自治县的调研工作，并与当地教育工作者交流日本开展性教育的经验。新保敦子教授的讲座题目是“面向生命和心灵的性教育”（参见附录Ⅳ），介绍了日本一些学校通过班级活动开展性教育的案例，以及将性教育与体育、思想品德、科学和生活等课程有机融合的实践探索。日本的性教育将核心目标定位于学生的自尊心培养，教育教学计划是依据不同年龄学生身心发展的特点及面对的实际问题设计的。从日本的经验来看，文化传统对于性教育具有很大影响，性教育必须考虑文化背景和特点，循序渐进地开展。由此，我们进一步确立了项目开发思路：青春期性健康教育以生命教育为导向，采用参与式教学方法和赋权教育学理念，以提升教师相关专业能力为重点。

培训团队的课程开发者主要由项目专家和北师大教育学部教育社会学专业的研究生组成。基于文献和调研结果，团队初步形成了青春期性健康教育的内容框架，并组织专家讨论反馈，确定主题后编写样章。研究生的参与使得活动设计更加贴近学生，他们也因此学习了参与式教学方法。

2016 年，项目组在北师大组织了试培训，青少年性教育专家北师大刘文利教授介绍了全面性教育理论，并分享了自己丰富的实践经验。北师大刘静老师设计了通识培训，针对参训者羞于谈论性话题的现象进行脱敏训练。当时正在读研的张晓丽同学借鉴日本经验开发了“我从哪里来”单元，并由首都经济贸易大学邵丽丽老师主持开展了单元培训，生命教育的价值在培训中得以彰显。北师大外籍教师 Lauren Misiaszek 还开展了倾听圈培训，为现场营造了一个温暖的交流氛围，当时在北师大就读的本科生万心珂协助翻译。Lauren Misiaszek 通过引导小组内学员交流一次身体伤痛的经历，营造倾听的氛围，使深度交流得以发生，学员之间产生情感共鸣。这个活动对于项目设计具有方法上的启示，即真实且有深度的交流有助于创造安全的支持性环境。

培训活动结束后，我们听取了北师大中国民族教育与多元文化研究中心郑新蓉教授对于培训的建议：充分考虑文化敏感问题，积极调动各方资源开展项目。同时，试培训也发现了三个具有挑战性的问题：第一，课件到底是为培训者培训设计的还是为一线教学准备的？第二，培训的重点应该放在基础知识的普及与技能的提升，还是理念的树立与情绪情感的调动？第三，课程的年级针对性问题。实际上，我们在设计培训内容时，一直期待能够直接支持教师的一线教学，所以课程设计主要是针对学生的，利用教学设计进行培训者培训时，有的活动不一定合适，需要培训师根据本书第三章第十三单元的提示进行调整。培训目标是理念情感与知识技能兼顾，具体需要根据单元主题和教学环节的不同而有所侧重，比如“我从哪里来”这个单元涉及生命教育，在试培训时就出现了一些很感人的场面，比如一起唱写给父亲的歌时，不少教师情感触动，有的教师甚至潸然泪下。教师在被触动后才能更好地在实际的教学中将这种对父母的理解和感恩传递给学生。考虑到学校通常难以系统持续地开设性教育课程，所以我们将培训对象定位为青春期学生，主要针对小学五、六年级学生和初中生，由教师来选择比较适切的单元进行教学。

随后的五年间，秉承教育行动研究的理念，项目组深入云南省玉龙纳西族自治县、宁蒗彝族自治县，贵州省榕江县，河北省青龙满族自治县，湖北省武汉市新洲区等地开展培训、试讲、听课、研讨与总结评估等一系列活动。项目组通过团队合作与反思，不断完善课件，使教学设计更加贴近实际。本项目四次中标民政部社会服务示范项目，也曾得到相关公益项目的经费支持，培训的同时为女童提供健康包、相关书籍资料。通过项目组培训专家的持续支持，项目试点地有一批有热情有经验的教师成长起来，产生了良好的效果。这些都为本书的编写提供了一手资料和经验。有些遗憾的是，试点中的参训教师大多数是女教师，制约了我们对男教师进行培训从而更好地发展男性性教育主题。

经过不断努力，本书终于要与读者见面了。为了方便一线教师使用本书，使青春期性健康教育得到更加广泛的推广，我们采用教学指导用书的方式进行编写，整本书的活动设计以参与式方法为理念，蕴含了赋能教育学的思想和方法。本书内容设计考虑了青春期学生尤其是女生在成长和发展中所需要的知识、技能、价值观，并在社会性别视角下审视了性别刻板印象、歧视偏见等问题。

本书主题课程包括十二个单元，其中第一单元只用于教师的脱敏和全面性教育理论的培训，其余各单元的教学设计既可用于学生课程，也可用于教师培训。虽然本书的关注焦点是女童，但除了月经、遗精等个别性别倾向明显的主题，书中的很多内容可以男女生一起学习，教师可以根据实际情况考虑分性别或男女合班组织教学。

尽管教师可以通过自学使用本书，但我们仍然强烈建议教师在进行一线授课之前先接受培训。主要原因有三点：第一，性教育对于很多教师而言是一门新的学科，教师的知识储备不够，也需要破除文化、观念意识上的障碍，需要一个脱敏的过程；第二，很多教师对参与式教学的方法了解不深，教师通过转换角色成为学习者，体验其中一部分活动，才能够更好地领会并采用这种方法教育学生；第三，青春期性健康教育本质上是生活技能和性别意识教育，强调发声与对话，赋能受训者，因此通过参与式方法，教师能真正内化一些理念，并把自身的经验带进来，青春期性健康教育才会更加有力量。前期经验证明，教师个体能动性在培训后得到了有效激发，培训产生了一批热心于青春期性教育的骨干教师，他们辐射并带动了周围教师。

本项目能够顺利开展，首先要感谢中国滋根杨贵平、高琳、张焕、张云飞、张海燕、李光对、黄刚、张国强、杨建等老师的大量工作，他们对女童教育的持续努力使得本项目有了良好的开展基础。几年来，他们在基层深入推动项目的落地，并让一大批女童受益。2017—2020 年，中国滋根持续在云南玉龙纳西族自治县与宁蒗彝族自治县、贵州榕江县、河北青龙满族自治县与丰宁满族自治县等地推广青春期女童性健康教育项目，共培训 300 余名青春期女童性健康教育教师，超过万名女童受益。2020 年，项目组面向云南玉龙纳西族自治县和宁蒗彝族自治县、湖北武汉新洲区，培养了 350 名当地青春期女童性健康教育教师，为 1.6 万余名初中女生进行青春期督导，同时配发专门的女童健康包。

本项目得到了北师大郑新蓉教授的大力支持，项目团队成员包括北师大张莉莉、刘静，四川文化艺术学院张燕，首都经济贸易大学邵丽丽以及中央民族大学林玲。团队大多数成员有着长期的女童教育经验，其中张莉莉、刘静、邵丽丽深度参加中英大龄女童技能培训与合作伙伴项目，刘静和邵丽丽曾经一起在云南省西畴县工作，为失学、辍学女童开发实用语算和实用生活技能教育教材。张莉莉和林玲曾参与中国儿童发展纲要的监测与评估，张莉莉和张燕持续参与联合国儿童基金会与中国科学技术协会合作开展的“流动青年女性生活技能培训需求”的调研及“女孩的生活技能”培训课程开发等项目活动。项目组织者张莉莉也曾对谢丽华老师、吴青老师等创办的“北京农家女文化发展学校”，以及班理老师等负责的“陕西红凤工程”进行过项目评估，从中感受到了女童教育的价值并体悟了方法。本书蕴含着团队成员对女童教育的深厚情感，也是项目专家在不同项目中学习与锻炼的成果展示。在项目开展过程中，中国滋根也邀请开展女童教育的民间组织参与多次学习交流，这给我们带来了更开阔的视野，尤其是通过榜样学习获得了行动的力量。

本书能够出版得益于众多机构、专家学者、一线教师的大力支持，在此一并表示感谢。特别感谢提供教学案例和培训反思的张文燕、王铁丽、夏玉秋、丁彩杰、游冲、陶双凤、吴慧芬、陈翠红、和秋韵、赵珍秀、桂春爱等一线教师，提供日本经验的新保敦子（日本）教授，参与项目调研和培训的北师大教育学部 Lauren Misiaszek（美国）副教授，提供韩国经验的韩娜（韩国）博士以及帮助校对的北京石油化工学院秦彩云老师。让我们一起为推动农村性健康教育的普及而不懈努力！

本书编写组

2021 年 12 月于北京

# 目录

# 第一章 绪论

* * *

翻开这本书，读者可能会问，这本书到底是写给谁看的？它是一本培训者培训教材还是一本教案集？可以把这本书直接发给学生阅读吗？

从专业的角度，我们需要回答：为什么选择这些主题作为青春期性健康教育的基本内容？什么样的教学设计和教学方法是有效的？怎样通过培训者培训赋能更多的一线教师参与相关教育实践？作为一个已经进行了多年的教育行动研究项目，在推进过程中遇到了什么困难，有哪些好的经验？本章将对上述问题进行分析和讨论。

## 一、课程主题：回应现实的需求

作为一个教育行动研究项目的成果，本书的主题框架是在基线调查和专家讨论的基础上确定的，是对农村地区青春期性健康教育现实需求的回应。

2015 年，项目组在河北省青龙满族自治县、云南省玉龙纳西族自治县两地进行了实地调研，团队成员与相关人员进行了集体座谈和个体深度访谈，对象包括小学高年级和初中学生、学校校长和教师、当地妇联及妇幼保健院等部门相关人士等。

调研发现，校长和教师关注的问题多数集中在学生由于青春期生理、心理变化带来的行为问题，比如女生不知道如何处理初次月经，早恋问题，青春期的迷茫和叛逆导致的人际关系紧张，以及偏远地区出现的早婚早育问题等。通过与学生的座谈以及收集学生写的小纸条，我们发现他们在性和青春期方面知识欠缺、技能匮乏，他们渴望了解与身体发育、性、情感等密切相关的知识，既好奇又羞涩，但缺乏正规的学习渠道与信息来源。

调研还发现，绝大多数教师认同和支持青春期性健康教育，他们表达了想要了解更多知识和教育方法的意愿，有一些教师已经零星地、自发地做了一些相关的工作，也有的教师积累了不少经验，如早恋应对、心理疏导等。不少校长也提到，学校教育很需要这方面的内容，形式上可以灵活多样，比如利用班会课或将其整合进相关课程中。

两地的调研也发现地区和民族的差异，如西南少数民族地区存在的早婚早育现象等，这提醒我们在项目设计和执行过程中要特别注意文化的敏感性和适切性。近年来，随着控辍保学工作的推进，这个问题不像以前那么突出。但是对于初中毕业后没有升学的女童，早婚早育等方面的风险不容忽视，因此学校需要提前做好相关的教育引导工作，这是偏远地区女童保护的重要任务。

在了解需求的过程中，我们感触最深的一点是，对于青春期学生表现出来的种种问题，大家的理解虽然不同，但都不约而同地指向了性教育，都觉得性教育很重要，但是很难做。对重要性有高度的认知却没有实际行动，究竟是什么把人们的个体能动性卡住了？我们认为，还是社会文化传统让“性”成为一个羞于启齿的话题，而且教师本身没有相关的教育实践经验，学校也没有相关的教育实践先例，对性教育的效果也有一些质疑。此外，网络提供了一些隐秘的信息获取渠道，但可能充斥着色情和暴力，这是家长、教师和社会都需要直面的。

基于这样的背景，也为了更好地回应现实需求，我们没有把本项目定位为严格意义上的性教育，因为它没有过多触及与性相关的深层次问题，比如性生理、性行为等，而是定位于以生命教育为基础的性健康教育，重在帮助青春期学生提升自我认知、自我保护、解决实际问题、做负责任的决定和社会适应等方面的能力。另外，我们的培训重点关注农村女童。

在内容开发上，我们学习并回顾了国内外相关的性教育研究成果与实践，邀请多方专家做性教育方面的学术报告与开展研讨，经过多次头脑风暴式的讨论协商，选定了四个板块十二个课程主题：

**（一）用于教师的脱敏和基本技能的培训**

第一单元　青春期性健康教育的立场、观点和方法

**（二）对生命起源的最基本认知**

第二单元　我从哪里来

**（三）青春期的变化及其带来的挑战**

第三单元　青春期的变化

第四单元　你好，我的月经朋友

第五单元　遗精那些事儿

第六单元　青春期的性萌动

第七单元　青春期的情感

第八单元　青春期的情绪

**（四）与自我保护及更大的社会文化相关的问题**

第九单元　认识性骚扰与性侵害

第十单元　认识校园欺凌

第十一单元　早婚早育的危害

第十二单元　正确认识艾滋病

四个主题板块是层层递进的，第一个板块主要关注教师，第二个板块开始针对学生。考虑到文化敏感性和农村地区家长的接受程度，第二单元从生命教育的角度切入，具体实施过程又与亲情教育和感恩教育做了连接，作为整个课程的导入。这是很重要的基调，加深了个体对生命连接和生命历程的认识，也为后来关注青春期的变化奠定了基础。随后，第三个板块的六个单元回应青春期带来的挑战，帮助教师和学生更好地了解青春期的生理和心理变化，并将学生需要了解和掌握的相关卫生保健知识融入其中，增强自我保护意识，这是课程的重点。最后一个板块，从个体进入群体和社会层面，关注性骚扰、性侵害、校园欺凌等问题，这些都是青春期学生在日益复杂的社会中面临的风险，并且

与性别问题相关。

整个项目可以定义为儿童参与和性别平等背景下的，以生命教育为基础、生活技能导向的青春期性健康教育课程。课程以女童为主要关注对象，渗透社会性别视角，促进性别融合。近年来，国家越来越重视性健康教育。2021 年，教育部发布了《生命安全与健康教育进中小学课程教材指南》，是青春期性健康教育进入学校课程体系的标志，这将极大地推动相关课程的设计与实践的探索。本书的第二至第十二单元回应了青春期性健康教育的需求，除月经和遗精两个单元是专门分性别设计外，其余单元是男女生都需要学习和了解的。因而，针对青春期女童的培训有两种使用建议：第一，对女童进行单独教学，关于遗精的内容，教师可以有针对性地选择一部分在其他主题中渗透；第二，进行男女融合教育，促进互相理解，但在教学中需要加强对女童的特殊关注，增强性别敏感性。

## 二、课程设计：参与式教学方法

世界各国开展的性教育项目实践证明，参与式教学方法是特别有效的性教育方式。这种方式以培训对象为中心，注重培训对象原有经验的调动和参与，通过创设情境，让知识在对话、体验和反思中生成，同时在实际情境中应用以提升生活的智慧和技能。参与式教学方法尊重培训对象的差异和多元，平等的氛围能够使参与者积极投入其中，自然大胆地阐述自己的见解、经验和困惑。

青春期性健康教育的目的不是教知识，而是传递意识和价值观，是一种生活技能的学习。生命知识和智慧的增长要在感受、体验和领悟中做到，因而要通过参与式的学习方式，真正赋权于学生。

课程中设计的参与式活动形式多样，主要包括以下五种：

### 1. 小组合作

这是最基本的课程组织方式，目的是增强培训对象之间的对话，让知识和经验在交流和碰撞中产生、升华，同时提升他们的集体观念和协作意识，锻炼与他人沟通协作、共同解决问题的能力。

小组以 6~8 人为宜，组内人员尽量避免同质化。如果小组内人员彼此不太熟悉，培训开始前要用一段时间热身，加强相互了解。从多元智能的角度看，小组合作最好能够发挥组员不同的特点和优势，如有的人善于语言表达，有的人思维缜密，有的人反思能力强，还有的人擅长绘画等。在小组共同完成某项任务时，多元智能带来了活动的丰富性和创造性。小组活动也让参与者看到了集体能动性，增强了团队合作意识。另外，小组汇报时需要注意避免重复性观点占用课堂时间。

**2. 案例分析**

案例分析是针对某个特定的问题提供背景材料，让参与者对案例进行分析讨论，从而培养他们认识和解决实际问题的能力。需要注意的是，案例分析的问题设计一定要具体、指示明确，进行案例分析后需要给参与者留出时间进行分享。所选案例不需要非常极端，但情境要具体，能让学习者感同身受，并引发思考。例如，在有关校园欺凌的培训活动中，引入的案例有背景介绍和来龙去脉，学习者能够很快进入其中，而讨论主题又紧扣欺凌场景中各方主体的角色位置和行为特点，进而思考校园欺凌问题不是个体能解决的，需要改变的是群体的态度和一些社会文化因素。

**3. 角色扮演**

角色扮演是根据提示的剧情梗概进行集体创作加工，想出对话和独白，无须事先排练，即兴发挥即可。在角色扮演中，表演者将按照角色所处的社会地位所要求的方式和态度行事，这不仅能增进人们对表演者所扮演的社会角色的理解，同时表演者本人也能体验他人在不同情况下的内心情感和处境，增强同理心和换位思考的能力。角色扮演还有助于发现生活中存在的习以为常的问题，了解问题的症结所在。例如，在校园欺凌角色扮演中，人们会更容易发现旁观者的重要影响。

在表演中，切忌为了表演而表演，培训者一定要有限介入，注意调控表演进程，尤其要提醒参与者在角色扮演中他们应特别观察的内容，做好评价。角色扮演本身具有教育性，表演之后的讨论分享更是角色扮演的关键，大家从中感受到什么，有哪些情感体验，有什么发现等，都可以交流。

**4. 头脑风暴**

头脑风暴是针对一个主题，让参与者畅所欲言，相互启发，提供解决问题的方案。在进行头脑风暴时禁止评论他人观点的好坏，观点和意见越多越好，任何一种构想都可以被接纳，鼓励在别人的启发下向更深、更新的方向思考。如果有需要，事后再排除重复的、明显不合理的方案。

面对涉及决策的多元化问题，畅所欲言的头脑风暴往往会得到意想不到的效果。头脑风暴的关键是明确要解决的问题，排除思维障碍，消除心理压力，让参与者轻松自由地各抒己见。

**5. 问题树分析**

问题树是一种形象的树状图形工具，树干部分为核心问题，树根部分是问题的原因，树冠部分为问题的影响。问题树能够帮助我们直观地看到一个特定问题的原因和影响，便于找出解决问题的方法，因此问题树可用于复杂的多层次问题的分析。问题必须是现实生活中真实的现象，如为什么部分女性遭受性侵后保持沉默。问题树分析帮助大家在系统的层面看到问题产生的背景，进而思考解决问题的策略。使用问题树的时候，鼓励各个小组用自己的方式进行创造性的展示。

实践证明，参与式活动为主的青春期性健康教育课程让培训对象有更多的发言机会，参与者可以进行深入的交流和讨论，个人的经验在群体中得到回应。

## 三、培训建议：赋权教育学理念

整个青春期性健康教育的教师培训，希望能够以赋权教育学的理念让参训教师成为教育的主体，为他们提供科学有用的信息，将不同的方法传递给他们，从而启发他们思考，去创设真实、生动、具体的教学情境，鼓励他们在讨论中做出自己的选择，激励他们投身于青春期性健康教育普及和推广行动中。

赋权教育学理念重视为学习者赋权增能，对于师生关系的理解以平等、尊重为基本立场，激发学习者的反思和行动意识。在项目培训中，需要通过参与式方法创设相互学习、交流、支持的环境，破解参与者对于性教育的禁忌和迷思，调动参与者的行动意愿，使得学到的知识技能通过行动、反思、交流、改进的学习圈形成闭环。

青春期性健康教育虽然具有现实的紧迫需求，但具体实践中教师需要在既有的教育教学活动安排之外开辟空间，这更多依赖的是教师自身的主动性，因此赋权教育学的深意也在于此。基于以上考虑，项目培训需要为参训教师提供一些“脚手架”，并让他们在参与式方法中得到真切的感受，获得一定的社会性别视角，促使他们在教学中运用此方法为学生赋权，从而更好地支持学生尤其是女生的发展。

由于本书是一线教师开展青春期性健康教育的指导用书，课程除第一单元“青春期性健康教育的立场、观点和方法”和第十三单元“各单元培训者培训建议”外，其余十一个单元均面向青春期阶段的学生，因而，教师培训可以参考使用本书的教学设计，但同时需要增加适合成人培训的部分内容和活动，以保障参训教师能够准确理解不同单元主题下的核心理念和教学重点。增加的内容主要关注三个方面：

第一，受我国长期以来传统文化的影响，很多学校的一线教师觉得性教育是敏感尴尬且备受争议的，因而培训中首先要转变教师对性教育的观念，帮助他们做到态度大方、语言科学、直面问题。性教育课最忌讳的就是扭扭捏捏地进行讲授。举个例子，在“生命的诞生”内容中有一个核心知识点：男性的阴茎进入女性的阴道后射精，精子和卵子相遇成为受精卵，在女性的子宫着床，渐渐发育成胎儿。这里有好几个词涉及两性的生殖器官和性行为，触及一些教师的“雷区”，因此他们有可能表述为“男性的某个部位跟女性的某个部位结合以后就形成了受精卵，发育成胎儿”。这样的一句话屏蔽了所有关键的科学信息，却传递了不科学的性态度——暧昧、羞耻、不可描述。这样的性教育显然是失败的。很多实践也表明，给中学生上性教育课有这样一个特点：教师越扭捏，学生越起哄；教师越淡定大方，学生越认真听讲解。

性教育需要打破一些障碍，这是一个循序渐进的过程。打破障碍的关键是进入严肃的教学状态。教师考虑学生的接受度是应该的，但导致笑场或学生不好意思的根本原因不是词语本身，而是没有进入生命教育的状态。

第二，帮助教师学会运用参与式教学方法。目前学校青春期教育（含性教育）大多对学生原有的认知经验不够关注，教学过程缺乏互动，注重知识传授而忽视生活技能和性别意识的培养。青春期教育的目的并不只是教授知识，提升学生的生活技能才是关键。生活技能的内涵包括自我认知、交往、情绪管理、问题解决等，根本是提升学生做出正确判断和选择的能力。因而，教师培训需要让教师体验参与式方法的魅力，并将其迁移到自己的教学过程中，关注学生的认知、情感特点及社会经验，改革教学方法，让性健康的理念、知识和技能真正走进学生脑中、心中，增强教育的实效性。参与式教学方法形式多样，核心是引发学生自身经验的连接及相互间的思想碰撞与交流。参与能够使学习者表达自己的真实想法，有相互听见甚至看见的可能。同样的想法和观点，如果是教师单方面输入的，学生会感觉只是一种知识甚至是说教，但如果是在相互交流中产生的，学生则更信服并印象深刻。

第三，帮助教师理解全面性教育和社会性别的理念，尤其注重在知识和技能传授背后态度和价值观的传递，比如对性的认知，性别平等意识。性别教育要努力创设对话交流的环境，使得观念的改变在思想的交锋中发生，通过细看现象、分析原因，让学生认识到日常生活中潜藏的不正确性别观念。在性别教育的实践中，教师大都会无意识地输出自己已有的性别观念，虽然这不可避免，但教师进行教学时还需进行必要的反思和澄清。培训中，需要帮助教师厘清在某个主题下，他们的理念和性别观念分别是什么，以及除了他们自身，别人有什么样的观点，开阔视野能使他们的观点更加包容且有弹性。

如校园欺凌的受害者中，有一些是性格偏女性化的男生，如果教师不能分辨其中存在的社会性别问题，则不仅自身被性别刻板印象所束缚，还可能在言语上对学生造成一定的伤害，如“你是个男孩子啊，应该有阳刚之气，说话怎么像个女孩子一样？”。但如果教师只是简单笼统地说这是一种歧视，并不能改变学生对此的错误认识。如果教师能有理有据表达出下面的观点，影响作用才会彰显：“我们不能用‘娘娘腔’去形容一些比较柔弱的男生，这是一种歧视，因为每个人都是不一样的。”可见，教师的性别观念有可能影响到青春期教育的立场和方法。

# 第二章

# 中小学（青春期）性健康教育的理论与实践

* * *

## 一、理论基础

开展全面性教育对于青少年的健康成长十分必要。2018 年，《国际性教育技术指导纲要》提出全面性教育（Comprehensive Sexuality Education，CSE），这是一个基于课程，探讨性的认知、情感、身体及社会层面意义的教学过程，目的是使青少年具备一定的知识和技能，形成一定的态度和价值观，从而确保其健康、福祉和尊严。全面性教育培养相互尊重的社会关系和性关系，帮助青少年学会思考他们的选择如何影响自身和他人的福祉，并懂得维护自身终身的权益。全面性教育不仅仅是关于生殖、风险和疾病的教育，还包含对影响人际关系、疾病和脆弱性的社会文化因素的持续探讨，比如社会性别和权力不平等、社会经济因素、种族、艾滋病病毒感染、残障、性倾向和社会性别认同等。

学校在全面性教育开展中起核心作用，非正规教育和社区教育也是开展全面性教育的重要方式。[1] 在学校开展全面性教育，有利于预防基于性别的校园欺凌，尝试在态度层面上消除与性有关的偏见和减少性别刻板印象。[2]

青春期性教育是青少年健康教育的重要组成部分，更是女童教育特别关注的领域。赋权教育学是女童教育的重要理论基础。赋权（Empowerment），曾是管理学上的定义，被赋权的人有很大程度的自主权和独立性。赋权是一种参与

[1]《国际性教育技术指导纲要》(修订版)中文版 [EB/OL]. [2022-01-22]. https://china.unfpa.org/zh-Hans/publications/itgse2018.

[2] 郭凌风，刘文利，李雨朦，等. 全面性教育对基于性别的校园欺凌的预防作用 [J]. 教育科学研究，2021 (4): 72-78.

的过程，将决策的责任和资源控制权授予或转移到那些即将受益的人手中。[1]教育赋权是女性赋权的重要组成部分，不仅能够促进女性自我意识的觉醒，还能提高女性自身能力，推动其经济独立和政治参与。性别平等教育也是一种赋权，可以消除不公正的权力结构[2]。女性赋权的最终实现需要女性的内在改变，需要能力的赋予。这种赋予不仅仅是外在力量的植入，更需要在女性的意识层面进行“洗礼”，使女性走上自我发展、自我实现的平等之路。[3]关于性教育的实施，赋权教育学的理念是尽可能地为受教育者提供全面的信息，只有在拥有充分信息的前提下，受教育者才能得到充分的赋权；将不同的方法传递给受教育者，鼓励他们在讨论中做出自己的选择，让他们具备自我选择、自我保护的能力。

## 二、我国中小学性教育的研究与实践

对于性教育的定义，我国尚未有统一的定论。《教育大辞典》[4]将“性教育”界定为“对青少年进行的性知识教育和性道德教育。一般包括关于男女生殖系统的结构和生理，性心理因素的发展及其处理，对恋爱和婚姻的正确态度，怀孕和分娩过程，以及防治性病的知识等”。

### 1. 20 世纪八九十年代，性教育的萌芽与发展

《上海教育科研》杂志 1988 年第 1 期发表了《我国当代青春期性教育研究和实践》[5]。这篇文章是由浙江某县中学的杜建海老师和教师进修学校的钱德祥

[1] 方刚．赋权型性教育：一种高校性教育的新模式［J］．中国青年研究，2013（10）：92–95.

[2] 郑新蓉．性别与教育［M］．北京：教育科学出版社，2005：235.

[3] 韩央迪．以自我改变为特征的妇女赋权项目的路径探索：基于国际计划与《农家女》杂志社“妇女赋权”项目的实证研究［J］．中华女子学院学报，2008（2）：64–68.

[4] 教育大辞典编纂委员会．教育大辞典：第 1 卷［M］．上海：上海教育出版社，1990：407.

[5] 杜建海，钱德祥．我国当代青春期性教育研究和实践［J］．上海教育科研，1988（1）：59–61.

老师合写的，还特别指出该刊将持续发表中学生青春期性教育方面的研究报告。文章回顾了 1949 年到 1977 年青春期性教育的发展状况，特别强调了周恩来总理对于这项工作的重视和直接推动。文中也提到，1973 年，在重编生理卫生课本时，对于是否加入“生殖器官”章节及是否使用相关图片的问题存在争议，有一半的编写人员反对专章介绍。《上海教育科研》杂志于 1988 年第 3 期和 1990 年第 1 期发表的两篇相关文章也来自基层教育工作者。

1988 年，上海社会科学院青少年研究所姚佩宽发表了《论青春期性培养》[1]。文中指出，性培养是指个体在性萌发到性成熟的自然和社会化过程中，通过性教育和实践，使青少年得到一种内心的体验，这种体验使青少年逐渐形成符合身心健康的、正常性角色的气质、情感、行为和习惯，同时也形成一种内在控制力量，产生与社会规范相一致的自我调适能力。

之后，《上海教育科研》于 1989 年第 6 期发表了姚佩宽的《上海中学生性发育、性意识的调查分析报告》[2]（这篇文章也收录于《上海教育科研》2010 年增刊中）。姚佩宽等研究者在前期调查的基础上开展了较为系统的定量调查，试图为中学生性教育的开展提供实证依据。调查采用了分层随机抽样方法，施测过程严格。对男生的调查了解了射精体验、身体发育状况、射精频度、对于身体变化的认识和反应等；女生问卷关注了月经来潮日期、发育状况、对于身体变化的认识和反应、经期生理和心理变化。调查还关注了中学生对色情淫秽读物及性描写的态度。调查发现，性心理发展出现前倾化迹象；性行为出现早期化倾向；性知识严重不足，如有近 70% 的学生对首次遗精和月经初潮没有心理准备。

值得关注的是，《人民教育》1988 年第 5 期刊载了著名泌尿外科专家吴阶平教授的科普文章，强调青少年迫切需要性教育，为此必须冲破长期以来对性

---

[1] 姚佩宽. 论青春期性培养 [J]. 上海教育科研，1988（4）：1–4.

[2] 姚佩宽，董小苹，孙忠雄，等. 上海中学生性发育、性意识的调查分析报告 [J]. 上海教育科研，1989（6）：30–35，29.

知识的禁锢。[1]

1989 年 7 月，全国青春期教育理论与实践研讨会在无锡市召开，与会专家辨析了青春期教育和青春期性教育两个概念的区别，认为性教育是核心，而青春期教育还要关注人生观及人际交往等方面的发展问题[2]。而针对农村学生的调查显示，农村初中女生在性问题上整体存在着两对矛盾：一是生理发育早但跟异性交往少；二是性教育知识掌握少，但对性教育开展的要求并不迫切[3]。

总的来看，20 世纪 80 年代中后期，有关青春期性教育的探讨比较深入，相关调研也比较扎实，这和一些国家级课题的推动有一定关系。

1990 年，杨贤君的论文关注了社会文化环境对于青春期性意识的诱发问题，特别指出："必须从性道德的高度去指引青少年，引导他们去分析社会文化中表现出来的形形色色的性观念和性行为，以便提高他们的性道德水平，才能在性文化影响中不致出现偏离行为和迷失方向。"[4]作者还认为，性道德教育中，培养正确的贞操观念是一个重要内容。同年，姚佩宽在文章《关于青春期教育之争论》[5]中探讨了无师自通与必须师通、封闭保险与开放教育、诱发与诱导、性教育与青春期教育等几个方面的不同观点。

20 世纪 90 年代初期，很多地方都在开展相关教育活动，也发表了一些论文。其中比较重要的一项探索是北京师范大学丛立新主持的"现代少年"课程实验，将青春期教育和生活技能教育进行了有机整合[6]。以中国人民大学附属

[1] 吴阶平. 必须重视青春期教育［J］. 人民教育，1988（5）：5，31.

[2] 金屏. 全国青春期教育理论与实践研讨会在无锡召开［J］. 外国中小学教育，1989（5）：33.

[3] 杜建海，钱德祥. 关于农村社区初级中学青春期性教育问题的综合调查［J］. 当代青年研究，1990（2）：32-39.

[4] 杨贤君. 社会文化环境与青春期性教育［J］. 上海教育科研，1990（6）：11-13，66.

[5] 姚佩宽. 关于青春期教育之争论［J］. 当代青年研究，1990（3）：46-50，25.

[6] 丛立新，靳忠良. 青春期教育新探："现代少年"课程实验［J］. 教育研究，1994（11）：56-62.

中学的首轮实验经验为基础，实验推行至成都、南京等地，实验课程共 8 个单元 40 节课。此外，课程采用情境性测验的方式评价学生的学习效果，测验的基本要求是选择青春期受教育者生活中比较典型、常见的问题，采用小组自由讨论、自由发言的方式，让学生分析、回答，这些问题不从表面直接涉及"现代少年"的内容。一些实验学校在课程结束时的考试中也采用了类似的方式，将心理健康诊断测验（MHT）与书面考试结合起来，结果发现实施"现代少年"课程的两个班级，学生的心理健康状况好于一般同龄人，焦虑程度比一般同龄人低很多。

20 世纪 90 年代以来，在各类项目的支持下，青春期性教育得到很大的社会关注，女童教育项目、卫生保健和生殖健康教育项目、留守儿童关爱等各类项目都在一定程度上回应了青春期性教育的现实需求。

### 2. 21 世纪以来，性教育研究持续发力

目前关于中小学生性教育的研究内容，大致可分为三个方面。

一是性教育的内容与性质。厘清并界定性教育的内涵是研究性教育的逻辑起点。经过学者们数十年的讨论，性教育的内涵不断得到充实、发展，直至全面性教育的提出，性教育的基本框架才大致确定。刘文利[1]格外强调全面性教育，指出关注个体发展的同时，促进个体性与健康的发展。具体到学校性教育内容，包括性生理教育、性保健教育、性文化教育、性权利教育、性心理教育、性伦理教育、性美学教育、性法律教育。

二是性教育现状的调查及相关政策的研究。有学者对中小学生的性生理发展状况以及性知识、性态度、性行为进行调查，还有学者对学校教师、学生家长进行调查。何丽芸等[2]对上海市 6 所中学的 1800 名学生（回收问卷 1544 份）进行调查，发现性别和母亲文化程度对中学生的生殖健康知识水平有着显著影

[1] 刘文利. 小学全面性教育实践［J］. 江苏教育，2017（96）：13–17.

[2] 何丽芸，杜莉，徐婷，等. 中学生性与生殖健康知识、态度、行为状况调查［J］. 中国计划生育学杂志，2018（1）：17–20.

响，母亲文化程度高的中学生对生殖健康知识的认知度较高。张悦等[1]对福建、山东、广东三省的 1088 名中学生进行调查，发现性健康教育在中学中开展得并不普遍，学校的讲座或课程开设率仅为 20.1%，89.5% 的学生希望获取性心理、性卫生保健、性道德法律等多方面的知识。任苇等[2]对潮汕地区某所中学的部分教师和高三学生进行调查，发现学生获得性知识的渠道排在第一位的是“自己看书”，其次是“同龄人告知”，学校和家庭排在最后两位；78.7% 的学生希望在课堂上进行集体性的开放式的讨论。

三是性教育实施的途径与方法。刘文利等[3]认为我国普及中小学性教育具有可行性，主要体现在六个方面：我国关注中小学生健康发展，百姓认可度、需求度高，国际全面性教育经验丰富，现有师资力量强大，相关专业机构众多，现有课程体系恰当。在学校开展性教育的途径上，学者们在课程实施、教材建设、教师队伍、教育策略等方面提出意见。杨川林等[4]主张，通过课程教学、校园文化和心理咨询三条途径，有针对性地对学生进行性教育。任苇等[5]推荐进行同伴教育，同伴教育者以同伴的身份选择合适的时间和地点，告诉朋友自己在培训中学到的内容。宋著立等[6]认为性教育既可以开设课程教学，还可以利用网络载体；既可以利用团队方式，还可以采用个案咨询或心理辅导的方式。

---

[1] 张悦，林柔君，王亚平，等. 沿海 3 省中学生性健康知识及需求状况分析 [J]. 中国学校卫生，2015（2）：213–216.

[2] 任苇，苏昕，马星星. 中学生青春期性教育现状调查报告：以潮汕地区为例 [J]. 中国青年政治学院学报，2007（6）：1–5.

[3] 刘文利，刘爽. 论我国普及中小学性教育的展望与实现 [J]. 教育科学研究，2019（7）：83–90.

[4] 杨川林，许海燕. 21 世纪大学生性教育：原则、内容及其途径 [J]. 青年探索，2006（2）：38–40.

[5] 同 [2].

[6] 宋著立，黎艳，曾学毛，等. 90 后大学生性观念的特点与反思 [J]. 中国性科学，2012（10）：72–74，83.

### 3. 政策推动与实践探索的力度加大

围绕着“中小学生性教育”这一主题，国家教育行政部门发布了诸多政策文件，强调对青少年青春期教育、性教育的关注与监督。同时，各机构、组织开展了一些有益的实践，取得了一系列成果，具体体现在教材编写、课程设置、教师培训等方面。

我国的相关法律、政策积极推动了青春期性健康教育的发展。早在 1988 年，国家教育委员会和国家计划生育委员会联合发出了《关于在中学开展青春期教育的通知》，把青春期教育纳入中学教育。随后，《中华人民共和国母婴保健法》《中华人民共和国人口与计划生育法》《中华人民共和国未成年人保护法》都关注性健康和性教育需求。《“健康中国 2030”规划纲要》[1]提出“以青少年、育龄妇女及流动人群为重点，开展性道德、性健康和性安全宣传教育和干预，加强对性传播高危行为人群的综合干预，减少意外妊娠和性相关疾病传播”。2021 年 9 月 1 日开始实施的《未成年人学校保护规定》[2]的“第三章 专项保护”中规定，“学校应当落实法律规定建立学生欺凌防控和预防性侵害、性骚扰等专项制度，建立对学生欺凌、性侵害、性骚扰行为的零容忍处理机制和受伤害学生的关爱、帮扶机制”。《中国儿童发展纲要（2021—2030 年）》中指出，要“为儿童提供性教育和性健康服务。引导儿童树立正确的性别观念和道德观念，正确认识两性关系。将性教育纳入基础教育体系和质量监测体系，增强教育效果。引导父母或其他监护人根据儿童年龄阶段和发展特点开展性教育，加强防范性侵害教育，提高儿童自我保护意识和能力。促进学校与医疗机构密切协作，提供适宜儿童的性健康服务，保护就诊儿童隐私。设立儿童性健康保护热线”。2021 年 11 月，教育部发布了《生命安全与健康教育进中小学课程教材指南》。

---

[1] 中共中央 国务院印发《“健康中国 2030”规划纲要》[EB/OL].（2016-10-25）[2022-02-21]. http://www.gov.cn/zhengce/2016-10/25/content_5124174.htm.

[2] 未成年人学校保护规定[EB/OL].（2021-06-01）[2022-02-21]. http://www.moe.gov.cn/srcsite/A02/s5911/moe_621/202106/t20210601_534640.html.

可以看出，国家出台多项法律、政策，将青少年的青春期及性教育发展纳入其中，为青少年的健康发展保驾护航。

在教材编写与课程实施方面，各地出现了一些使用性教育教材、读本的学校。北京师范大学刘文利教授主持的儿童性教育课题组开发了《珍爱生命——小学生性健康教育读本》，全书分为家庭与朋友、生活与技能、性别与权利、身体发育、性与健康行为、性与生殖健康等。首都师范大学教育学院性教育研究中心的张玫玫团队，组织编写了《成长的脚步》，在北京市四十多所小学开展性教育试点教学。浙江省使用了中国计划生育协会编制的《成长之道》培训手册。

中华慈善总会、中国儿童少年基金会、北京青爱教育基金会等也在学校试点开展性教育课程。中国儿童少年基金会在 2014 年主持印发了以“预防性侵害”为主题的“守护童年”儿童手册和家长手册，举办女童保护培训班，帮扶受到侵害的女童及其家庭。中国少年儿童文化艺术基金会发起的“女童保护”项目，已经在全国大多数省份开课，普及儿童防性侵知识。还有一些公益组织，格外关注心智障碍儿童、农村儿童的性教育，如广州爱成长综合性教育课堂、广东省绿芽乡村妇女发展基金会，开发“丁丁豆豆成长故事”系列儿童性教育动画片、性教育网课等。

在校园文化方面，一些学校通过隐性的方式渗透性教育知识。如广西柳州某小学在男厕所悬挂性知识挂图，让学生在上厕所时抬头即能看见。

在校外，场馆教育是学校教育的重要补充。如北京海淀科技馆，曾有“生命的春天——青春期教育”展览，展出青春期身体发育、心理变化、自我保护，做合格父母、正确陪伴孩子成长等内容。

## 三、中小学性教育的国际经验

青春期性教育是国际社会关心的议题之一，许多国家把青春期性教育作为实现青少年全面发展的重要方法，并采用不同的青春期性教育模式，具体有学校性教育模式、家庭性教育模式、社会性教育模式、同伴教育模式、人格教育模式、ABC性教育活动模式[1]等。学校性教育模式是最主要的方式，很多国家采用这一方式实施性教育。家庭性教育提倡在家庭内部对孩子进行性别角色、性知识、性道德和性法制教育。社会性教育模式主张把家庭教育、学校教育、社会教育有机地结合起来，积极发挥社会教育对青少年的影响，如瑞典青春期性教育深入社区以及社会生活的各个方面。同伴教育模式起源于澳大利亚，流行于英、美等国家，利用同辈、同伴间的交往的影响力、亲和力，以讨论、游戏、讲故事等方式进行，配合多种传播媒体和实物模型，既让青少年能够有意识地获取适当的性知识，也可培养青少年良好的性道德，形成恰当的自我评价。人格教育模式主张把性与品德教育相结合，加强青少年的性心理教育，在性教育中进行人格教育。日本自20世纪80年代以来逐渐把人格教育作为性教育的重要部分，以培养青少年高尚的人格。联合国艾滋病规划署为了防止广泛出现的性问题，提出“ABC性教育原则”，即让青少年获得正确的性卫生与生理知识，避免婚前性行为，对一个性伴侣保持忠贞等。[2]

当代西方主流性教育模式为禁欲性教育与综合性性教育。禁欲性教育告诫学生要绝对地拒绝婚前性行为、婚外性行为。综合性性教育关注的重点是性活动所带来的多方面后果，既强调禁欲，也注重其他有效的避孕方式，不仅涵盖性生理方面的知识，还教授沟通技巧、决策技巧、性取向和性别认同等性社会学方面的内容。美国联邦政府颁布国家健康教育标准，各州划分具体的健康领域，按学段开展性教育教学，开发特色课。加利福尼亚州针对课程开发人员、学校教师和社区教育者，开发“It's all one curriculum”课程；旧金山自主设计综合性性教育课程“Be Real. Be Ready”，第一课就是向学生介绍旧金山的健康中心和青少年诊所，课程不仅传递性知识，还教授学生在特定情境，如怀孕时，

[1] ABC具体指abstinence，be faithful，use a condom.

[2] 叶金辉，李文虎，雷良忻. 国际青春期性教育模式概述［J］. 广西社会科学，2004（9）：186–188.

做出不同的选择。非政府组织也在性教育中起着重要作用，美国性信息和教育委员会制订并出版了《全面性教育指南》，弥补了美国国家健康教育标准未划分内容领域的不足。

在欧洲，荷兰有着开放多元的性文化，民众可以自由讨论性话题。荷兰实行RAP生殖健康模式，即权利（Rights）、接受（Acceptance）、参与（Participation），这构成了荷兰青少年进行性与生殖健康教育的原则和基础。这一模式通过正视青少年的性行为，以权利和知情为基础，以服务保护和参与为保障，使青少年形成正确的性与生殖健康观念，提升其保持性与生殖健康的能力，促进其安全健康成长。在小学，荷兰每年有一周的时间举办全国的性教育活动，也就是“Week of Spring Fever”（春意之周），父母陪同孩子参与这项活动。在中学，荷兰开设“Long Love”（爱之永存）课程，课程内容包括青春期和恋爱、人际关系、愿望和界限、第一次、安全性行为、使用避孕套和避孕措施。芬兰也十分重视家庭性教育活动，性教育经历了独立课程、融入其他课程、纳入健康教育课程（必修，并配有专职教师）的过程。2006年，包含性教育内容的健康教育课程成为必修课程，并成为考试科目。此外，荷兰不断加强对在性方面有特殊需求的学生的性教育，如荷兰著名的性健康机构Rutgers基金会开发了针对智力障碍学生和违法学生的性教育计划。芬兰与瑞典、荷兰等北欧国家相似，基本建立了从幼儿园到高中的完整的性教育内容体系和教育模式。

在大洋洲国家中，新西兰2001年修订后的教育法规定，所有州立学校必须设置性教育课程作为必修课。教授性教育知识的教师必须有相关的教育资质并登记注册，中学性教育教师必须在性教育领域有自己的专业研究方向，小学性教育教师必须接受与性教育有关的培训，或者在学校加入专属的工作坊进行学习。

在亚洲，一些发展中国家的性教育项目起步较晚，但发展比较迅速，多兴起于防止性疾病的传播和避免HIV感染等领域。在泰国，2002年，性教育成为体育与健康课程的一部分，侧重生理健康教育；2016年，相关法案要求各级学校开展性教育，加强性教育教师的培训。韩国 2001 年颁布了供教师使用的性教育教学指导大纲，小学、初中、高中实行每年 10 课时以上的义务性教育制，包括综合型课程、专门型课程、讲座型课程、融合型课程。在日本，学校性教育的实施主要包括“性的学习”和“性的指导”两大部分。“性的学习”主要是在保健等学科学习中有计划地进行性教育，传授科学的性知识。“性的指导”则是通过班级活动、儿童会等特别活动以及利用课前课后时间，让学生掌握在解决自身存在或面临的性的问题时所需的能力，对在性发育上有不适应症状的学生和性行为上有问题的学生进行个别教育[1]。

[1] 吴维屏. 国外学校性教育研究和实践综述［J］. 外国中小学教育，2011（11）：34–38.

# 第三章

# 课程单元

* * *

为了能够更好地为一线教师的教学提供支持，本书的课程编写体例采用了教师指导用书的模式，第一至第十二单元每个单元都分为五个部分。一是教学目标，是在教学活动中期待得到的学生学习结果，也是具体、明确地表述学生通过教学后能够表现出来的可见行为，这种行为是能够通过一定手段观测和判断的，其核心是学生学会了什么。本书从知识、技能和态度三个层面对每个主题单元的教学目标进行了阐述。二是活动概览，对本单元的活动设计思路和模块进行概述，方便教师从整体上把握。三是教学过程设计，详细阐述每个教学环节的活动设计。四是培训活动建议，是对教师进行教学和培训的要点提示。五是拓展阅读资料，是对部分教学内容所涉及的理论、知识、政策、实践等的扩展，希望能够给予教师更多的支持和帮助。

# 第一单元　青春期性健康教育的立场、观点和方法

## 一、教学目标

### （一）知识层面

1. 知道关于性教育的国际公约和协议，以及国际上不同国家性教育的概况。

2. 理解青春期性健康教育的内涵，并能说出全面性教育的目标和内容。

3. 知道青春期性健康教育的基本原则和注意事项。

### （二）技能层面

1. 能够在培训中组建团队、订立规则，形成尊重、平等、安全的学习氛围。

2. 提升设计和组织青春期性教育导入式培训的能力。

**（三）态度层面**

1. 理解并认同青春期性健康教育的必要性。

2. 理解并认同参与式教学方法在青春期性健康教育中的意义。

3. 能够破除心理上的顾虑，增强实施青春期性健康教育的信心。

## 二、活动概览

表 3-1 教学设计

| 教学环节 | 内容与过程 | 预计时间 | 所需材料 |
|---|---|---|---|
| 热身活动：<br>寻找一个________的人 | 每个学员通过找人，结识陌生人，熟悉彼此 | 20 分钟 | 纸、笔 |
| 组建团队、订立规则 | 考虑性别等因素分组<br>头脑风暴：我们的学习规则 | 10 分钟 | |
| 破冰活动：<br>我的身体——你说我画 | 独立默写生殖系统各部分名称<br>以小组为单位画一幅图<br>大声念出各部分名称<br>打破尴尬，构建信心 | 40 分钟 | 纸、笔、胶带和彩色笔 |
| 健康知识竞赛 | 以小组为单位，轮流答题<br>熟悉名词，消除紧张感 | 20 分钟 | 黑板、事先准备好的题目 |
| 青春期性健康教育：为什么？ | 独立阅读材料，分析青春期性健康教育的必要性<br>讨论本校、本社区的情况<br>小组交流，形成共识<br>了解关于性教育的国际公约和协议<br>了解我国和其他国家的性教育概况 | 60 分钟 | 学习单、纸、笔、PPT 课件 |

续表

| 教学环节 | 内容与过程 | 预计时间 | 所需材料 |
|---|---|---|---|
| 青春期性健康教育：是什么？ | “给我一个词，还你一个词”，综合信息，形成概念<br>小组完成思维导图，构建对青春期性健康教育内涵的理解<br>了解联合国教科文组织的性教育指导纲要对性教育目的和内容的相关规定<br>引入对农村女童开展性教育的内容框架 | 60分钟 | 纸、笔、彩色笔、胶带 |
| 青春期性健康教育：怎么做？ | 以小组为单位协商解决问题：开展性教育的普遍担忧<br>分析和学习参与式教学方法，理解其意义<br>思考和讨论参与式青春期性健康教育的原则与注意事项 | 60分钟 | 信封、题目纸条、黑板、大白纸、彩色笔、胶带 |

## 三、教学过程设计

### 活动一：热身活动——寻找一个__________的人

1. 培训者自我介绍；简单讲解本次培训的安排和主要内容。

2. 请全体学员仔细听清楚任务说明：在全班找三个不同的人，每个人符合要求的一个特征即可；找到一个就写下他的名字。例如：一位教授两门以上学科的女教师，她是__________。

3. 培训者带领全班简单交流刚才结识到的新朋友，也借此了解参训者的背景。

**∷ 培训者点评：**

1. 这个活动的目的是消除学员之间的陌生感，了解彼此，并建立情感关联，从而为后续培训奠定彼此熟悉且相互尊重的基础。

2. 通过设置的问题，学员之间了解彼此的教育、生活背景，尤其是与青春期性健康教育相关的工作经历，从而为后续活动做铺垫。

3. 鼓励学员敞开心扉，以积极、开放的心态参与后续活动。

**活动二：组建团队、订立规则**

1. 培训者将全班学员分为男生大组和女生大组，然后按照 6~8 人一组划分小组，组内成员相互熟悉。

2. 头脑风暴：我们的学习规则。培训者引导学员说出这几天培训中每个人应该遵守的规则。例如，守时；保持教室清洁；手机静音，专心投入学习，不要随意接打电话；积极发言，尊重他人意见；倾听；让每个人有参与学习的机会；等等。

3. 培训助手将规则写在纸上，张贴在门口显眼位置，随时提醒大家。

**∷ 培训者点评：**

1. 学习规则制订的过程就是学员彼此倾听、对话，通过协商交流来建立信任基础的过程。

2. 这个过程对于任何年龄的学员来说都是适用的，它让学员对学习活动有归属感，激发学员的学习主动性。

**活动三：我的身体——你说我画**

1. 各小组成员按照以下步骤完成任务。

（1）回想一下你所知道的两性生殖系统各部位的名称，写出你知道的所有生殖系统构成部分的名称，例如阴道、阴茎。

（2）以小组为单位，交流分享信息。培训者交代任务：女生组画出一幅男性形象的图，男生组则画出一幅女性形象的图，必须将主要的性别特征画出，并标注刚才写出的生殖器官名称。（不要求画出精确的教学示图，画出大概即可，允许创意表达。）

2. 将图画张贴出来，各组相互点评，查漏补缺，并纠正明显的错误。

3. 每个小组选三个词语，大声念出来。轮流进行，读完为止。

4. 结束后，培训者询问学员感受。

**参考答案：两性生殖器官名称**

1. 女性生殖器官

外生殖器官：阴阜、大阴唇、小阴唇、阴蒂、阴道前庭、前庭球。

内生殖器官：卵巢、输卵管、子宫、阴道、前庭大腺。

2. 男性生殖器官

外生殖器官：阴阜、阴囊、阴茎。

内生殖器官：睾丸、附睾、输精管、射精管、前列腺、精囊、尿道球腺。

**∷ 培训者点评：**

1. 本活动的目的不是检测学员的生理卫生知识到底有多丰富或多精确，而是鼓励大家开口大声说出来，破除心理上的顾虑，冲破障碍。

2. 一些学员表现得自然大方，一些学员还是放不开，这些都没关系，重点是鼓励学员参与，营造信任和安全的氛围。

3. 针对学员在活动体验后的感受，培训者可以指出，由于文化和风俗带给我们潜移默化的影响，日常生活中我们倾向于隐藏这些词语或用其他词语替换它们，面对性方面的问题也往往采取回避的态度，这不利于问题的解决。

4. 只有大方面对、正视并了解，才能有助于我们更好地理解与性有关的问题或疑惑，作为教师，也才能以科学的方式对待教材、课程和要传递的知识、价值观。

### 活动四：健康知识竞赛

1. 培训者交代游戏规则：以小组为单位，举手抢答黑板（屏幕）上的问题，答对记一分，答错扣一分，若答错，其他小组继续抢答；一次一题，回答问题之前必须先大声念出题目，然后再回答。

2. 胜出的小组有奖品，最后一名的小组也有惩罚。

**题目：**

1. 睡眠时流出精子的现象被称作（ ）。
2. 从卵巢排出一个卵子的现象被称为（ ）。
3. 产生精子的地方是（ ）。
4. 从阴茎中排出的黏液叫（ ）。
5. 胎儿发育的地方叫（ ）。
6. 儿童发育到成人并且开始具备生殖能力的快速成长过程，被称为（ ）。
7. 精子从阴茎有力地射出，这个过程叫作（ ）。
8. 性交时套在男人的阴茎上，它能够预防怀孕、性病和艾滋病，这个东西叫（ ）。
9. 连接卵巢与子宫的导管，受精在此发生。这个导管叫（ ）。
10. 阴茎翘起来，这个现象叫（ ）。

**答案：**

1. 梦遗 2. 排卵 3. 睾丸 4. 精液 5. 子宫 6. 青春期 7. 射精 8. 避孕套 9. 输卵管 10. 勃起

（改编自：中国计划生育协会．青春健康教育指南：性、性别、艾滋病和人权教育统一行动活动手册［M］．北京：中国人口出版社，2012.）

3. 培训者提问学员：作为家长 / 教师，平时跟孩子 / 学生交流的时候，是否有意识地传递这方面的信息和知识？通过什么样的方式把这些知识传递给孩子 / 学生？在此过程中有何感受？简单讨论即可，不需要深入探讨，将学习过渡到对青春期性健康教育的理性认识。

:: **培训者点评：**

1. 活动的目的是让学员有机会交流自己已有的、平时又很少去谈论或交流的知识点。

2. 学员通过交流来彼此纠正，从而构建一定的知识基础。

3. 这些知识点都是青少年在生活中常常遇到或者思考的问题，与青少年沟通这些知识点是学校性教育应该包含的内容。

4. 与青少年沟通关于性的知识的交流方式有很多种，可以是全班参与的趣味性测试，也可以是针对某个小群体的小班课，还可以是针对个人的私下交谈。

**活动五：青春期性健康教育——为什么？**

1. 结合上一个活动的讨论，培训者告诉学员即将发给他们一份阅读材料，每个组拿到的材料不同。

2. 培训者将材料 1（关于农村留守女童遭受性侵状况的综合调查报告）发给第一组，材料 2（关于校园欺凌的报道）发给第二组，材料 3（关于未婚先孕现象的报道）发给第三组，材料 4（关于师生冲突的报道）发给第四组。

要求学员带着以下问题边读边思考：

（1）你读到的是什么现象？这种情况在你的学校或身边发生过吗？

（2）读完之后，你有什么感受？

（3）你觉得学校和教育工作者针对此现象能做点什么？

3. 独立阅读 10 分钟后，可以和同组成员小声交流。

4. 培训者重新分组，在新的小组中，每个人交流各自阅读的内容，时间为

10~15 分钟。

5. 小组总结阅读材料的内容，并在全班分享对上述 3 个问题的思考。

6. 培训者点评各组分享的内容，用 PPT 呈现和讲解有关性教育的国际公约和协议。

**培训者点评：**

1. 与性相关的生理、心理和社会问题频频发生，这些案例和数据足以引起学校、家长和社会的重视。

2. 这些问题不仅仅发生在中国，在全球范围内都是值得高度重视的。青少年性健康教育，不仅关乎青少年的成长发展，还关乎整个社会的健康良性发展。

3. 作为学校教育工作者和家长，我们应该认识到青春期性健康教育的必要性和迫切性。

**活动六：青春期性健康教育——是什么？**

1. 导入活动："给我一个词，还你一个词"。培训者请学员拿出一张白纸，两次对折后分为四格，在第一个空格处，写下你认为青春期性健康教育应该是什么或者包括什么，至少写 4 个词语 / 短语，注意所写词语应该是具体的。其他 3 个空格处留着不要写字。

2. 5 分钟后，请学员拿着自己的白纸，在全班范围内找 3 个人，分别交换词语。即你给对方一个你写下的词语，然后从对方那里挑一个你没有的词语，写在空白处，直至填满 3 个空为止。

3. 完成任务之后回到小组，小组内成员相互交流结果。

4. 以小组为单位，依据刚才找回来的词语 / 短语，设计一张思维导图，说明青春期性健康教育是什么或者应该包括什么。

5. 各小组将思维导图张贴并讲解，培训者点评。

6. 培训者讲解联合国教科文组织发布的《国际性教育技术指导纲要》中列出的全面性教育的目标和内容。见表 3-2。

表 3-2 《国际性教育技术指导纲要》中全面性教育的内容

| | |
|---|---|
| **什么是全面性教育** | 全面性教育是通过一系列课程传递关于性的认知、情感、物质和社会方面的知识和特性的教学和学习过程。其目的是让儿童和青少年获得相应的知识、技能、态度和价值观，从而有助于他们认识到自身的健康、福祉和尊严，发展相应的社会和性关系，考虑到自己的选择对他人产生的影响，以及理解和确保自身的权利 |
| 目标 | 针对儿童和青少年感到好奇且需要了解的主题，提供准确的知识和信息<br>为儿童和青少年探索与性和社会关系相关的价值观、态度和规范提供机会<br>促进技能的获得<br>鼓励儿童和青少年为自己的行为承担责任并尊重他人的权利 |
| **价值观、态度和社会规范** | 在考虑到宽容、尊重、性别平等、人权以及平等原则的情况下，性教育能够为学生提供机会探讨与性行为、健康、冒险和决策有关的价值观、态度和各种行为规范（个人、家庭、同伴和社会的） |
| **人际关系技能** | 性教育能帮助学生掌握决策制订、自信、交流、协商和拒绝等方面的相关技能。这些技能有助于学生与家庭成员、同伴建立更好、更有成效的关系 |
| 责任 | 性教育鼓励学生不仅要为自己的行为负责，也要对所有人抱着尊重、宽容和同情之心，为自己的行为对他人所造成的影响负责。性教育还主张性别平等，反对过早的、非自愿的或胁迫性的性行为，反对人际关系中的暴力行为 |

7. 培训者向学员简要介绍本书针对农村女童开展性教育的内容框架，并说明这也是期待各位学员回到各自学校开展性教育的基本内容。

## ∷ 培训者点评：

1. 每一位学员对于什么是性健康教育都有自己的理解，都能写出一些关键核心词语。

2. 学员通过词语交换，看到他人从不同视角对性健康教育的理解，从而拓展和加深自己的理解。

3. 应该强调不拘泥于用哪些词来描述性健康教育，阐明通过科学正确的课程来传递知识，塑造包容的价值观，形成科学的态度以及养成良好的行为习惯，才是性健康教育要达成的目标。

### 活动七：青春期性健康教育——怎么做？

1. 导入活动：开展性教育的普遍担忧。培训者事先准备好一个信封，里面装着开展性健康教育的几类普遍担忧的问题。请每个小组抽取一个，进行讨论。

2. 培训者请各小组反馈讨论结果，并参照参与式方法的基本原则进行点评和讲解。

3. 培训者讲解。世界各国进行的性健康教育项目的实践证明，参与式方法是特别有效的性健康教育方式。这种方法是互动式的、以培训对象为中心的教学方法，将教学活动内容相互关联，能够让学员融入教学活动中，并使他们积极地投入学习中。这种方法也被称为参与式、体验式、实践式学习。

4. 请学员独立回忆一天经历的活动，然后与同伴交流，最后全班一起回顾一天培训中经历的活动。培训者总结这些参与式活动的特征与意义。

5. 小组讨论：参与式的性健康教育应该遵循的原则（应该注意的问题）。请各小组结合自己的教学实践，思考这一问题，并在纸上呈现至少 3 条内容。

6. 全班交流总结。

### 参与式方法的基本原则

1. 建立一个平等、尊重、友好的学习环境。

（1）创建一个支持性的学习环境，所有参与者都应该融入其中，被倾听，并且感觉舒适、安全，不被嘲笑，尤其是在他们发表新观点和想法的时候。

（2）鼓励参与，尤其要鼓励那些感觉孤独或者胆怯的人（害羞的、身体残疾的、家庭情况特殊的、语言表达能力弱的参与者等）。

（3）确保培训过程的安全性和私密性。在培训开始的阶段，让参与者共同订立关于本次培训的原则。要求参与者尊重别人的隐私，并提醒他们不要向他人泄露课堂上大家分享的一些私密信息。

（4）让参与者明白，在教学中，如果感觉不舒服，他们有权利选择不参加活动或分享观点。

（5）鼓励所有参与者分享自己的想法，不要评判他们的观点。

2. 重视学习过程，重视参与者的经验，并把新旧知识融合在一起，思考相关问题。

（1）记住所有参与者都有自己的知识和经验。

（2）倾听或问一些问题，使参与者把想说的话说出来，从而了解他们的关注点。

（3）鼓励参与者通过交流和讨论解决问题，做出自己的选择，并在这个过程中形成自己的想法。鼓励参与者探究问题，设想事情发生在自己的生活中将意味着什么。

（4）培训者/教师的角色是引发参与者的思考，而不是说教或者灌输信息。

（5）有必要纠正参与者对一些事实的错误认识和理解，或帮助他们认识到对他人不尊重的行为。

3. 运用多种策略和技巧鼓励参与者参与。

（1）准备好教学计划，仔细审查活动内容和学习目标，事先收集好相关资料。

（2）准备一份备用的教学方案，以应对没人参与的尴尬局面，如时间、天气、参与者不配合等原因。

（3）如有可能，请尽量选择能让学习充满乐趣的活动。

4. 培养参与者对自身和世界的反思、学习、批判性思考的能力及解决问题的能力。

（1）鼓励参与者对传统思想提出质疑，让他们思考自己的信仰和社会的标准、规范，引导他们以尊重的态度探索不同的观点。

（2）以开放式的问题展开讨论，通过问“为什么”引发参与者对于矛盾的思考，并寻找更深层的真相。

（3）鼓励运用小组讨论和集体活动的方法。

（4）分析问题时，鼓励提出不同的观点，并给出尽可能多的解决方法。

5. 培养参与者学以致用的能力，帮助他们成为积极的公民和拥有积极变革的力量。

（1）反复要求参与者将所学内容同生活和世界联系起来，鼓励他们本着公正和社会正义的原则展开思考。

（2）将多种学习方式有机地结合起来，如社会服务、社会调查和实践活动。

（3）了解地方文化，这样教授的知识才不会让参与者陷入困境。

（改编自：中国计划生育协会．青春健康教育指南：性、性别、艾滋病和人权教育统一行动活动手册［M］．北京：中国人口出版社，2012.）

## ∷ 培训者点评：

1. 回顾这几个活动，反思自己的感受，从中体会到有效地开展性健康教育所需要的学习氛围和相互信任的情感，明白活动目标清晰的重要性。

2. 参与式、体验式的学习重在创设条件和机会，让学员打开心扉，沉浸到学习当中，这其中有很多细节需要去设计、准备，还需要随时根据实际情况做出必要的调整，从而达到培训或学习的目标。

## 四、培训活动建议

本单元是针对教师培训设计的，是总览，是不能缺少的部分，要保证三个小时的培训时长。

## 五、拓展阅读资料

表 3-3 开展性教育的担忧与回应

| 开展性教育的担忧 | 回应 |
| --- | --- |
| 性教育会导致早期性行为 | 世界各地的研究都明确显示，性教育几乎不会导致接受者性行为的提前。性教育有助于推迟性行为以及引导更加负责任的性行为，或者可能对性行为产生的影响并不明显 |
| 性教育剥夺了儿童“天真无邪”的本性 | 儿童从接受正规学校教育伊始，便通过细心划分阶段的学习方式获取在科学上准确的、无偏见的、与年龄相适的、完整的信息。在缺少某方面信息的情况下，他们往往会从同伴、媒体或其他来源处获取相互矛盾甚至有害的信息<br>高质量的性教育是为儿童、青少年提供正确、完整的知识和信息，并且强调价值观和人与人之间的关系。性教育不仅仅只有与性相关的内容，还包括关于身体、青春期、人际关系和生活技能的内容 |
| 性教育与当地的文化相抵触 | 《国际性教育技术指导纲要》强调了文化相关性和本地化调整的必要性，具体方式就是让相关地区的文化领域负责人参与进来，并争取其支持<br>《国际性教育技术指导纲要》同时强调，有必要改变某些有违人权的社会规范和有害做法，特别是针对女孩、年轻女性的危害性做法 |

**续表**

| 开展性教育的担忧 | 回应 |
| --- | --- |
| 性教育只是父母和家庭的责任 | 性教育并不否认父母和家庭作为性信息来源以及在帮助孩子建立健康的性关系和人际关系方面的基础性作用<br>政府通过教育部门、学校和教师所发挥的作用，是为家长提供支持和补充，具体方式就是提供一个安全的、辅助性的学习环境，并提供学习工具和资料，以开展高质量的性教育 |
| 家长会反对在学校开展性教育 | 在儿童的性别身份、社会关系等一些关键方面的形成过程中，父母和家庭发挥着主要作用。家长拒绝性教育，通常是出于害怕或者不了解性教育课程的具体内容。家长需要明确性教育传递的信息与家庭所持有的价值观相一致。性教育并非要夺走家长的角色，相反，高质量的性教育需要将家长作为合作伙伴，纳入教育过程并支持他们参与孩子的学习<br>在大部分情况下，家长是学校开展高质量性教育计划的最坚定支持者<br>很多家长很重视学校提供的性教育，因为这可以帮助他们和孩子去讨论一些性话题，并且帮助他们应对一些困境。家长很希望能获得准确可靠的性教育信息 |
| 教师可能愿意开展性教育，但会感到不舒服，缺少相关技能，或者害怕这样做 | 受过良好培训、得到有力支持且积极主动的教师在开展优质性教育方面发挥着关键作用。教师在日常工作中也经常面临着学生提出的关于成长、人际关系以及性方面的问题，因此，有必要创设一个安全、合适的方式来帮助教师应对这些问题<br>清晰明确的教育政策和学校的课程设置能为教师提供这方面的支持。此外，将性教育融入制度化的教师职前和在职培训，同时在学校管理方面给予教师支持也很重要。要鼓励教师从事性教育工作，具体方式包括进一步强调课程科目的正规化，以及给予他们更多的专业发展机会和支持 |

# 第二单元 我从哪里来

## 一、教学目标

### （一）知识层面

1. 基本掌握生命诞生的相关科学知识，能科学地回答“我从哪里来”这个问题。

（1）两性的生殖器官和作用。

（2）受精卵形成的过程。

（3）胚胎生长发育的过程。

2. 了解怀孕及分娩等基础知识。

（1）脐带的作用及肚脐的保护方法。

（2）怀孕后女性的身体和心理变化。

（3）分娩的过程。

### （二）技能层面

1. 增强对自我生命独特性的认知。

2. 能够学着换位思考，理解父母作为成年人的责任与压力。

3. 增强对父母表达感恩之心的能力，能够用恰当的方式向父母表达感恩之情。

### （三）态度层面

1. 体会生命来之不易，能够初步理解每一个生命都是有价值的。

2. 体会母亲的辛苦与伟大，增强与母亲的感情连接。

3. 增强对父母的感恩之情。

## 二、活动概览

课程以小组合作的方式开展，课前请先分好组，6~8 人一组。

表 3-4 教学设计

| 教学环节 | 内容与过程 | 时间 | 形式及材料 |
|---|---|---|---|
| 生命的孕育 | 生活经验导入：你是从哪里来的<br>视频观看：我从哪里来<br>人形图卡片拼图<br>教师总结讲解<br>情景模拟：脐带的作用<br>教师总结讲解 | 30 分钟 | 小组讨论、班级交流、案例分析、情景模拟、视频观看<br><br>PPT、小贴纸、马克笔、大白纸、胶带、白板 |
| 生命的诞生 | 材料分析：初步感知怀孕的感觉<br>模拟怀孕体验<br>视频观看：正常分娩过程<br>教师总结讲解 | 25 分钟 | |
| 对生命的珍爱与感恩 | 图片分享讨论：两难的父母<br>换位思考，假如我是我的爸爸妈妈<br>学唱歌曲<br>教师总结讲解<br>给父母写封信 | 25 分钟 | |

## 三、教学过程设计

### 教学环节（一） 生命的孕育

**活动一：人形图分组拼图**

目标：知道人是由两性的生殖细胞结合成的受精卵发育而来的，理解受精卵的形成和发育过程，能够科学地回答“我从哪里来”这个问题，形成对生命诞生的科学认识。

1. 活动引入

教师提问：我小的时候特别好奇，我到底是从哪里来的呢？我就问我的妈妈，妈妈说“你是从外面捡来的”，你们是否也好奇过自己是从哪里来的呢？有谁问过爸爸妈妈自己是从哪里来的？他们是怎么回答你的呢？

请学生们自由回答。

教师总结学生的回答，继续问：你认为自己是从哪里来的呢？

2. 活动过程

（1）观看视频：我从哪里来。

（2）小组内成员将卡片贴到人形图相应空白处。

（3）请速度最快而且粘贴正确的小组的学生代表展示并讲解。

（4）教师出示正确的人形图，讲解从受精卵到婴儿的成长过程。

（5）请粘贴错误的小组重新粘贴，并随机请两个学生复述人形图。

**活动提示：**

如果学生年级较高，或者之前学习过相关内容，可以将人形图拼图活动改为分组画出“我从哪里来”。

教师可以根据年级自行选择如何讲解人类生殖系统和生殖过程的知识，对高年级学生还可以深化有关生命起源、血缘、基因、遗传等方面的知识。受基因影响，子女与父母在相貌、性格等方面会存在诸多相似的地方。在子女身上，我们常能看到某些属于父母的特征：不仅有重要的性格特征，还有相似的面部表情和细小的习惯性动作。正如我们无法选择基因一样，我们无法选择自己的父母，但理解父母、悦纳自我是人生的重要功课，未来的人生道路掌握在自己的手中。

3. 活动总结

（1）生命个体是由两性的生殖细胞结合成的受精卵发育而成的，宝宝既携带父亲的基因特征，也携带母亲的基因特征。

（2）男性的生殖细胞叫精子，由男性主要生殖器官——睾丸产生。睾丸的功能是产生精子并分泌雄性激素。附睾暂存并营养精子。精子从附睾通过输精管输送到尿道，通过尿道排出体外。

女性的生殖细胞叫卵子，由女性主要生殖器官——卵巢产生。卵巢的功能是产生卵子，并且分泌雌性激素。卵子从卵巢中排出后会沿着输卵管向子宫方向移动。子宫是胚胎发育的场所。

（3）众多精子中，一般情况下只有一个精子能够进入卵子并与卵子结合形成受精卵（同卵双胞胎是一个精子一个卵子在发育中分裂成两个受精卵，异卵双胞胎则是两个精子两个卵子分别结合成受精卵）。受精卵不断进行细胞分裂，逐渐发育成胚泡，最终落到子宫内膜上，摄取发育所需的养分形成胚胎。

（4）胚胎在子宫内一般需要经过40周（280天）的生长发育才能分娩。妊娠第6周末，超声检查可以看到胚胎心脏的跳动；妊娠7周，胚胎的头部约占整个胚胎的一半大小，胚胎以每天1~2mm的速度生长；8周后，出现脸部，颜面初具人形，此时胎儿形成；大约10周时，手指、脚趾清晰可见并且更加修长；大约12周时胎儿可以打哈欠；13周，胎儿的大脑迅速发育；大约14周时，头发和眉毛开始生长；大约15周时，胎儿可以听到妈妈的心跳声；最早在16周时母亲就可初次感知到胎儿的运动；19周，胎儿的眼睛和耳朵移动到最终位置；21周，胎儿的眼睛还没有睁开但已经可以分辨明暗了；22周，胎儿开始出现指纹；24周，胎儿初具呼吸功能；25~28周，胎儿经常做出微笑等表情，听到熟悉的声音心率可能下降，这是平静下来的表现，眼睛也可以睁开，出现了固定的作息规律；34周，大部分胎儿变为出生时头朝下的姿势；36周，胎儿的头进入准妈妈的骨盆，等待分娩；38周，具备足够的消化与呼吸功能；40周，胎儿娩出，成为一个独立的个体。[1, 2]

**活动二：情景模拟——脐带的作用**

目标：使学生了解并掌握脐带的作用以及保护肚脐的重要性，知道如何保护自己的肚脐，并通过脐带连接功能的体验加强与母亲之间的感情连接。

1. 引入

出示图片，请学生讲一讲胎儿与婴儿的差异，引出脐带的概念。

[1] STEPHENSON S R, DMITRIEVA J. 超声诊断学：妇科及产科[M]. 4版. 罗红，杨帆，译. 北京：人民卫生出版社，2018.

[2] 游川. 怀孕分娩新生儿：医生最想告诉您的那些事[M]. 北京：北京科学技术出版社，2018.

2. 活动步骤与流程

（1）请三位学生上台。

（2）一位作为旁白，一位扮演妈妈，一位扮演胎儿。

（3）提问：脐带到底有什么作用？

3. 教师总结要点

（1）胎盘与脐带的作用。

胎盘是胎儿在妈妈腹中的家。脐带是一条像带子一样的东西，一端连着胎儿腹壁（以后的肚脐），另一端连着胎盘，它是胎儿与妈妈血脉相连的明证。

脐带的作用：一是将胎儿的代谢废物送到胎盘，由妈妈帮助处理；二是从妈妈那里获取氧气和营养物质供给胎儿生长发育。胎儿出生后医生会将脐带剪断，自此婴儿需要自己获取营养以满足生命所需。

（2）露肚脐的危害。

和肚子上其他的地方不同，肚脐既无肌肉，也无脂肪组织，是腹壁的最后闭合处，所以皮肤较薄，屏障功能较差，易受凉和感染。因而，肚脐保护不当就会成为各种疾病的导火索。

露肚脐的危害主要有两方面：第一，肚脐周围是肠胃部位，一旦受凉容易引起消化不良、腹痛、腹泻；第二，女性肚脐长期受凉容易导致妇科疾病，若逢经期，肚脐受凉可能直接造成痛经、月经不调等问题。

（3）保护肚脐的要点。

肚脐的保护有三个方面：（1）防风。要保护肚脐和肚脐周围。晚上睡觉最好穿上睡衣，以免肚脐受凉。平时尽量不穿低腰裤。（2）防尘。保持肚脐的清洁。不可以用手直接抠，或者用力揉搓。美国微生物学家有一个让人吃惊的发现，在肚脐中潜伏有约 1400 种细菌，其中的 80% 对身体完全无害[1]，所以即使你从来没清洁过肚脐，似乎也无大碍，但是如果用手抠，手上的有害细菌就有

[1] 科学家在人类肚脐中发现了 1400 种细菌 [EB/OL].（2011-07-12）[2021-12-05]. https://it.sohu.com/20110712/n313122332.shtml.

可能对肚脐造成相当概率的感染。（3）防妆。不要在肚脐做纹饰。

## 教学环节（二） 生命的诞生

### 活动一：怀孕日记讨论

目标：初步感知怀孕时母亲的感受，知道一些常见的妊娠反应，了解母亲怀孕的不易。

1. 活动引入

大家周围曾经有人怀孕过吗？你们知道怀孕是什么感受吗？

2. 活动步骤与流程

（1）小组内一位学生读展示的“怀孕日记”。

（2）大家讨论怀孕会出现什么症状。

（3）每个小组派代表发言。

3. 活动要点总结

女性怀孕后，由于体内孕激素分泌增加，会引起身体及情绪的一系列变化，我们把这些变化称为妊娠反应。身体的反应有头晕乏力、食欲不振、嗜睡、乳房胀痛、恶心、晨起呕吐、便秘等；情绪上的改变有更容易兴奋、焦虑等。妊娠反应是一种正常生理现象，一般不需要特殊处理，但也有的女性妊娠反应比较剧烈需要就医。

### 活动二：怀孕体验

目标：让学生体会母亲怀孕的不易，了解分娩过程的艰辛，增强学生与母亲的感情连接。

1. 活动步骤与流程

（1）请学生把自己的双肩背包背在前面，里面装满课本、文具等，假装书包就是胎儿。

（2）请学生分别完成弯腰捡东西、吃饭、上楼梯等动作，体验母亲怀孕的感受。

（3）小组分享“怀孕”的感受。

（4）教师讲解真实的怀孕感受，请学生与自己刚才的体验对比，看有哪些相同和不同（如果没有条件可以布置家庭作业——采访自己的母亲）。

2. 活动总结要点

（1）孕早期，主要的症状是孕吐、尿频和犯困。尿频基本上会伴随整个孕期，并且随着月份变大会越来越严重。

（2）孕中期，腰酸背痛、失眠。肚子越来越大，腰部承受的压力也变大，有的孕妈妈开始出现腰酸背痛等症状，更痛苦的是睡觉，什么姿势都不舒服，不少孕妈妈还会出现失眠、睡眠质量变差等问题。

（3）孕晚期，耻骨疼、便秘、水肿、关节疼。进入孕晚期，孕妈妈的身体负担越来越重，激素的刺激加上胎儿头部开始进入盆腔，会出现耻骨联合痛；同时胎儿日渐长大，还会造成便秘、水肿及关节疼等。

3. 观看视频《婴儿日记：母亲分娩和婴儿诞生的过程》[1]

4. 请学生谈谈看完视频后的感受

5. 教师总结提升

（1）生命来之不易。

（2）母亲怀孕和分娩的辛苦。

（3）强调母亲与婴儿的情感连接，为下面的延伸活动奠定基础。

**活动提示：**

教师可以延伸讲解分娩的知识。分娩是婴儿脱离母体独立生存的过程，有自然阴道分娩和剖宫产分娩两种。自然分娩中，宝宝需要妈妈给予力量才能出来，这种力量就是子宫的收缩力。医学上把人类能感受到的疼痛感分为 12 个级别，级别越高，感受到的疼痛感就越大，自然分娩大约在第 9 级。

[1] 来自央视网，网址：https：//tv.cctv.com/2015/09/11/VIDE1441974977751981.shtml。

## 教学环节（三） 对生命的珍爱和感恩

目标：学会换位思考，增强对父母表达感恩的能力，学会用行动向父母表达感恩之情。

1. 活动步骤与流程

（1）导入：你平时跟爸爸妈妈一起生活吗？你知道他们是做什么工作的吗？你去过爸爸妈妈工作的地方吗？

（2）图片分析讨论：两难的父母（图片略）。

※ 你是怎么理解这幅图片的？

※ 你和父母之间有过这种因两难引发的矛盾吗？

※ 当爸爸妈妈无法“抱”你的时候，你会怎么办？

※ 小组讨论并请代表发言。

（3）想一想、写一写。

※ 爸爸妈妈是做什么工作的？

※ 你认为他们辛苦吗？

※ 爸爸妈妈做过哪件事情让你觉得他们是爱你的？

※ 爸爸妈妈做过哪件事情让你觉得他们是不爱你的？

※ 爸爸妈妈知道你的生日吗？

※ 你知道爸爸妈妈的生日吗？

（4）一起学唱歌曲《父亲》或者《妈妈的吻》。

2. 教师总结要点

父母把孩子养大成人很不容易，因为他们既要谋生又要担起照顾子女的责任。一些偏远山区的父母更辛苦，他们常常为了生计，为了让自己的孩子生活得更好，不得不背井离乡，承担更多的艰辛和无奈。我们要看到父母身上勤劳、勇敢、质朴的特质，他们用自己的实际行动为我们树立了榜样，为了生活和家庭，努力工作，担当着、奋斗着，他们是最可敬的人。（注意：这些话可以引导学生用自己的话说出来，然后教师予以总结。）

备选主题活动：给父母写一封信，表达对父母的感恩之情。可以课上完成，也可以作为家庭作业。

## 四、培训活动建议

如果有学生对父母有怨恨，如认为父母不能给自己提供更好的生活条件，或觉得父母不尊重自己、不理解自己，甚至经常被父母打骂等，请理解学生的情绪，不要说教，让学生将这些情绪表达出来，然后给予一定的安抚，如果课堂上比较难以处理，可以暂时搁置，课下处理。

## 五、拓展阅读资料

人与其他生物不同，人的生命是一种三重存在的统一，即自然的、社会的和精神的存在。这种特点决定了人的存在不仅仅是一个单纯的生存问题，如何在学会生存的基础上发展生命、寻找生命的价值和意义是青少年成长的重要内容。

在社会急剧变革、现代化进程快速推进中，青少年在成长过程中要面对更多的挑战，一方面暴力、网瘾、毒品、性侵害等方面的风险加大，另一方面青少年面对着更大的学业压力，身体亚健康，心理疾病发病率逐年增加，心理健康水平堪忧。

从 20 世纪中后期开始，为应对社会道德危机、药物滥用、自杀他杀等问题，世界各国开始兴起形式多样的生命教育，旨在唤起人们对生命的热爱。而后开始建立更加全面、包罗甚广的生命教育概念和生命教育体系，目标也逐渐明确。

20 世纪七八十年代，澳大利亚、英国等国家在开展生命教育时，强调每个孩子都是独一无二的，并通过创建生命教育中心为学校教育提供有益的补充。20 世纪 90 年代，美国中小学的生命教育最初是以死亡教育的形式出现，主要目标有三个：关注死亡，珍惜生命；体悟人生意义，从生命中学习；促使学生成为全面、均衡发展的人。新西兰的生命课程帮助学生建立自我尊重，教导学生拒绝的技巧和认识健康生活的好处及结果。日本流行“余裕教育”，教导学生“热爱生命，选择坚强”，使青少年认识到生命的美好和重要，能面对挫折并承担后果，更加热爱生命、珍惜生命，并与自然和谐相处。

1997 年，华东师范大学叶澜教授提出“让课堂焕发出生命的活力”，成为中国生命教育的先声。随后，生命教育的研究和实践很快发展起来。2007 年，中国人民大学黄克剑教授提出“以生命治学、为生命立教”的生命化教育，许世平、肖川、冯建军、王北生等学者针对生命教育的内涵与使命进行了各自的探讨。1997 年，江苏省实验小学提出生命教育研究；2004 年，上海提出制订《上海市中小学生生命教育指导纲要》；2004 年起，一些省份陆续编写了生命教育教材，侧重学生自然生命的保全；2005 年，全国性的青少年生命教育论坛开始举办，论坛的主要内容涉及生命教育在中国的现状与必要性，如何发展具有中国特色的生命教育体系和模式，社会热点问题和分享生命教育案例等；2006 年，北京大学发布了《中华青少年生命教育年度立项报告》，决定自 2007 年起全面关注青少年生命教育并列入科研计划；2010 年，生命教育写进了《国家教育改革发展中长期规划纲要（2010—2020 年）》，成为国家教育战略的一部分。到目前已经形成了政府主导、民间参与、社会各界积极配合的趋势，学校生命教育的实践模式也大致分为专设课程、学科渗透和主题实践。

可以看到，生命教育经过多个国家和地区的研究与推进，其内涵和使命不断扩大，从最初的应对青少年生命危机、保护自然生命，逐渐到生命意识的熏陶、生存能力的培养和生命价值的升华，并从关照自我生命扩展到与其他生命的联系以及人与自然万物的依存关系等。

# 第三单元 青春期的变化

## 一、教学目标

### （一）知识层面

1. 了解青春期的基本概念，知道青春期生理变化的特征和原因，以及由生理变化而引发的心理变化。

（1）青春期的概念及时间段。

（2）激素及其作用。

（3）两性在青春期生理变化的特征。

（4）青春期身体健康发育的三个保障。

（5）青春期的心理特点。

2. 初步认识社会性别的概念。

（1）生理性别与社会性别的联系与区别。

（2）社会性别是被社会构建出来的。

（3）双性化人格对个体发展具有积极意义。

### （二）技能层面

1. 增强对性别偏见与特定社会背景下的审美误区进行反思的能力。

2. 增强处理青春期特殊问题的技能。

（1）如何对待青春痘。

（2）保持健康的身体形象。

（3）学会理解和处理亲子冲突。

（4）学会理解和处理社会性别认同的冲突。

### （三）态度层面

1. 能够理解并接受青春期身心发展的特殊状态，学会自我接纳。

2. 树立正确的青春观，以积极、负责的态度度过青春期。

3. 增强社会性别意识。

## 二、活动概览

课程以小组合作的方式开展，课前请先分好组，6~8 人一组。

表 3-5 教学设计

| 教学环节 | 内容与过程 | 时间 | 所需材料 |
|---|---|---|---|
| 评一评：给身体打分 | 以问卷的形式让学生打分<br>分析打分结果<br>教师总结，引导学生思考身体的变化 | 15 分钟 | 纸、笔、音乐、问卷、方便贴、空白面具、彩笔、空白人形图、大胶条 |
| 说一说：身体的变化 | 观看视频《一分钟走完青春期》<br>头脑风暴：青春期的生理变化<br>教师讲解：青春期的概念及变化<br>师生互动：青春期时间表<br>教师总结 | 20 分钟 | |
| 想一想：打造理想的身体 | 征集打造理想身体的小妙招<br>焦点探讨：减肥<br>教师总结 | 10 分钟 | |
| 看一看：当青春期撞上更年期 | 观看电视剧《家有儿女》的片段<br>师生互动：青春期遇上更年期<br>教师总结 | 30 分钟 | |
| 写一写：男生女生 | 写一写：我眼中的男生 / 女生<br>小组讨论：性别特征大归类<br>小组代表在全班分享<br>教师总结 | 20 分钟 | |
| 画一画：面具之下 | 画一画：真实的我和我想展现的我<br>两两交流<br>小组讨论并汇报：面具内外出现差异时怎么办<br>教师总结 | 20 分钟 | |
| 聊一聊：飞鸽传书 | 给父母或老师写信或留言，交流对青春期特殊问题的看法 | 课后活动 | |

## 三、教学过程设计

### 教学环节（一） 评一评——给身体打分

目标：在感知青春期生理变化的基础上，引导学生确立正确的审美观。

1. 材料准备

2. 活动步骤与流程

（1）请学生填写问卷，5分钟后教师收回问卷。

①性别：

②请对自己的身体打分（总分100分）：

③回答：

你最喜欢自己身体的哪个部位？为什么？

你最不喜欢自己身体的哪个部位？为什么？

（2）让学生相互分享自己的看法。

学生讨论期间，教师快速对问卷进行简单的统计。可从以下几个方面进行分析：①问卷的最低分、最高分、平均分；②哪个部位在最喜欢的一栏中出现的频率最高，哪个部位在最不喜欢的一栏中出现的频率最高；③男生和女生的选择有何不同。

（3）教师简单介绍评分的总体情况，然后重点讨论最不喜欢的部位。如果不喜欢的部位是与生俱来、不易变化的，如眼睛、鼻子等，可以给予正面的肯定；如果不喜欢的部位是生长变化中的，如身高、体型（胖瘦）等，要让学生懂得这些状况正在变化中，是可以改善的，为下一步的教学做好铺垫。

**活动提示：**

教师在分享问卷中的案例时，要注意保护学生的隐私。此外，在鼓励学生进行分享时，教师也要注意尊重学生的意愿。

活动案例：

1. 小花（女生，80 分）

最喜欢自己的腿，因为腿比较细长；最不喜欢自己的胸部，因为感觉自己的胸部比较突出，挺胸抬头的时候让自己难为情。

不胖不瘦的身材是完美的身材——妈妈说的。

2. 小兰（女生，60 分）

最喜欢自己的双手，因为比较灵巧，做手工做得好；最不喜欢自己的腿，因为它偶尔会一阵阵地疼。

瘦瘦的身材是完美的身材——从杂志和电视里看到的。

3. 小海（男生，70 分）

最喜欢自己的身高，因为身高可以使自己在喜欢的运动项目上有优势；最不喜欢自己的青春痘，因为青春痘让自己缺乏自信心。

4. 小博（男生，80 分）

最喜欢自己的肌肉，因为显得自己更加强壮；最不喜欢自己又哑又粗的声音，因为这种声音让人听不清楚。

## 教学环节（二） 说一说——身体的变化

目标：感知青春期身体发生的具体变化，初步了解青春期作为个体生长发育的第二个高峰期的生理特征；能够理解青春期是每个人的必经历程，但具体的起止时间因人而异。

1. 材料准备

2. 活动过程

（1）教师播放视频《一分钟走完青春期》，让学生在动态变化中初步感知青春期的一些生理变化。

（2）头脑风暴：请学生快速说出青春期的生理变化，由教师或志愿者站在人形图（男生和女生）的相应位置。

（3）教师以课件的形式向学生展示男女生青春期的生理变化并进行对比。（表 3-6）

表 3-6 青春期男女生生理变化的对比

| 女生青春期的生理变化 | 男生青春期的生理变化 |
|---|---|
| 体重增加，长高<br>皮下脂肪逐渐增多<br>皮肤变化，可能出现青春痘<br>嗓音变细<br>乳房隆起<br>臀部发育<br>腋毛和阴毛出现<br>性器官发育，卵巢开始排卵<br>初潮到来，开始有月经<br>具备生育能力 | 体重增加，长高<br>肌肉变得强壮<br>皮肤变化，可能出现青春痘<br>喉结突出，嗓音变粗<br>肩膀变宽<br>双脚变长<br>长出胡子，腋毛和阴毛出现<br>性器官发育，睾丸开始产生精子<br>具备生育能力 |

（4）对比之后教师要引入青春期的概念，核心要点如下。

①青春期是每个人正常发育必经的阶段，但是，就青春期开始的年龄、发育速度、发育程度而言，有很大的个体差异。青春期的划分，一般定为 10 岁至 20 岁。有的学者把青春期分为两大阶段：

一是性的萌发期，年龄一般在 11 岁至 14 岁，这正是初中时期。

二是性的成熟期，年龄一般在 14 岁至 18 岁，这正是高中时期。

②青春期开始，人的身体发生变化，身高迅速增长，体重明显增加，男女性征的差异更加显著。身体机能渐趋健全，主要表现为：神经系统尤其是大脑的发育达到高峰；心脏发展迅速，18 岁时心脏重量等于成人的 90%；肺活量显著增大；身体对疾病的抵抗能力增强；第二性征发育（约需 4 年才能发育完全），生殖器官发育。

③青春期变化的原因是性激素，它对机体的代谢、生长发育和性活动等起

重要的调节作用。

雌性激素是由女性体内的卵巢和提供胎儿营养的胎盘分泌，可以使女性体内的脂肪增多，胸部更加丰满。

雄性激素有很多种，其中最重要的一种是由睾丸产生的睾酮。这种雄性激素可以促进男性的生殖器发育和胡须的生长，还有阴毛和胸毛等的生长。

人的身体里两种性激素是并存的，男性和女性身上都会携带对方的性激素，卵巢主要分泌雌性激素，也分泌极少量的雄性激素，睾丸也一样。

（5）师生讨论青春期时间表。

教师让学生结合自己的经验回忆身体各种变化的大致时间，引导学生发现青春期身体变化存在明显的个人差异：虽然一般认为青春期从 11 岁左右开始，但是男女生存在明显差别，女生出现得更早；不同身体部位开始变化的时间也不同。

（6）教师总结要点。

青春期是个体发展的必经过程，只是每个人的时间不同。在性激素的影响下，每个人的身体都会发生一些变化。有些学生会因为不了解这种变化而感到羞耻或害怕，例如青少年如何面对青春痘并和平相处的问题，如何适应自己嗓音变化的问题等。

进入青春期后，青少年要多注意日常护理，每日用温水清洁皮肤，忌用手挤压或挠抓皮损，忌用油脂类、粉类化妆品和含有糖皮质激素的软膏及霜剂。建议每天洗 2~3 次脸，一般天冷干燥季节早晚各洗 1 次，天热季节最好早中晚各洗 1 次，可以用温和的洗面奶和洗面皂，尽量少用冷水、磨砂洗面奶、香皂、沐浴露洗脸，也不要过于频繁洗脸及使用去角质产品，这样会破坏皮肤的屏障功能，反而诱发青春痘。

### ∷ 活动提示：

在感知阶段，逐步让学生直面青春期的生理变化，体会生命发展的阶段性及阶段性特征。

在感知青春期生理变化的阶段，在调动学生填写青春期的生理变化时，要注意到那些容易被成人忽视的青春期学生的细小变化以及学生在青春期发育的差异性。

## 教学环节（三）想一想——打造理想的身体

目标：学生能够树立对自己身体负责的观念，帮助学生掌握科学锻炼身体的方法。

1. 征集小妙招

学生分组讨论如何打造理想的身体，贡献自己的锦囊妙计。讨论完成后在班上分享。

2. 焦点探讨

教师可以从学生讨论的结果中选择一个主题作为分析重点，引导学生正确认识打造理想身体的方式。如可以“减肥”为例，分析要不要减肥，如何减肥。具体可以从下面几个方面展开分析：

第一，青春期女生的身体会出现大量的脂肪组织，臀部也会变大，但是很多女生通过影视、网络等途径形成了“瘦美人”的审美观念，对自己的身体很不满意，萌发了减肥的想法。

第二，好的身体应该是健康的身体。如果肥胖损害到健康，可以采取一些科学的方法减肥，但必须要遵循安全、科学、健康的原则。有些人为了追求瘦而过度减肥，给自己的身体带来不可挽回的损害，这是非常不可取的。

第三，人生成功的关键在于自身的努力，肯努力的人体重不会成为阻碍他发展的因素。

3. 教师总结

青春期是身体快速变化的时期，运动、营养和睡眠是青春期身体发育的重要保障。充分的运动、均衡的营养和充足的睡眠是打造理想身体的“三驾马车”。

**活动提示：**

教师可以针对学生的情况，提供关于运动、营养和睡眠的小提示，帮助学生掌握健康生活的小技能。

## 教学环节（四） 看一看——当青春期撞上更年期

目标：了解青春期孩子与父母发生冲突的深层次原因，掌握青春期的心理特征。

1. 小剧场

教师播放电视剧《家有儿女》的片段。刘星洗完澡后问妈妈要画板，妈妈询问他写作业了吗，谁知刘星回答说一会儿再写，十分钟就写完。妈妈不同意刘星画画，要他去写作业做正事。但刘星觉得画画也是正事，随后与妈妈发生了口角，朝着妈妈喊：更年期。正当妈妈要教训刘星的时候，爸爸恰好提着放在门口的画板推门进来，刘星拿过画板夺门而出，爸爸紧随其后，跟了出去，留下妈妈嘴里嘟囔：青春期。

2. 教师提问

第一，片段中的刘星与妈妈发生了什么事？

第二，生活中还有哪些事情容易与父母观念不同？（学习、交友、消费、休闲娱乐、生活习惯）

第三，青春期的孩子为什么特别容易与父母起冲突？

教师可以根据现场情况，请学生作答。

在回答第三个问题时，教师要让学生意识到正是青春期个体独立意识的发展，使得他们想要自己做主，不愿意被父母管教。同时，教师也要让学生看到青春期依然存在较强的依赖性，尚未形成稳定、独立的世界观，因而父母很难放任其自由发展。

3. 教师总结

PPT 展示青春期的心理特点：独立性、依赖性、逆反、冲动（参见拓展阅读资料）。

心理学家把青春期形容为“狂风暴雨”的变化，正是因为这个时期的不稳定和混乱。虽然这种混乱是正常的，但我们需要正确地处理在这个过程中出现的各种问题，如与父母、朋友之间的冲突。要意识到自己的不足，要采取良性的沟通方式，要积极地寻求帮助，要能够换位思考他人的感受（比如理解自己的父母）。

真正的教育是自我教育。教育就是要迫使人去思考自己。科恩在《自我论》中谈到自我教育时也提出，在关系到最高生活价值方面，教会别人是不可能的，每一个人都应自己教育自己，可能做到的只是帮助自己更深刻地理解周围世界和成就自己，获取比自己身上现有的更好的东西。

第一，正确对待青春期的心理变化，这是一种正常现象，不躲避不害怕；第二，意识到自己正处于青春期，承认自己的逆反心理；第三，在与家长、教师、同学相处中，当发生矛盾冲突时，要换位思考，及时进行自我反思；第四，敢于承认自己的不足，并勇敢道歉。

## 教学环节（五） 写一写——男生女生

目标：帮助学生初步了解社会性别的概念，反思自己对于性别的思考。

1. 教师导入

青春期标志着童年期的结束和成年期的开始，大家对自己的性格特征也有了更加深入的思考，现在请用五个词语描述自己的性格特征，每个词语写在一张方便贴纸上。

2. 小组内交流

学生两两互相交流后，各小组把大家所写的词语按照男性性格和女性性格进行分类，分别贴在大白纸的不同部位。此时会出现小组内无法达成一致意见的性格特征，这是下面课程的基础，如果学生询问存在争议该怎么解决，教师可以提示单独归类，在小组汇报时阐述清楚即可。

3. 小组分享

4. 讨论或者提问

什么是男性气质？什么是女性气质？

5. 教师总结

我们可以从两个角度看待性别：一个是生理性别，这是从生物学角度来说的；另一个我们称为社会性别，它是指社会对男女的特征、角色、活动、责任的期待和规范。孩子一生下来，人们就倾向于按照其生理性别选购衣服和玩具，所以社会性别是成长过程中逐渐习得的，并通过模仿、强化等过程被建构起来，进而形成人们对于男女的社会地位、职业角色、服装装饰、行为等方面的常规认识。

从这个角度上说，性别不平等的起因具有一定的人为、制度、文化因素，是建构的，而非本质的。在这一前提下，现存一些不合理的社会性别机制是可以逐步去改变的，性别偏见与歧视也是必须要去纠正的。比如，家务活都由女性承担，到了中学阶段女生的学习成绩就不如男生的好了等，都是性别偏见与刻板印象的体现。现实生活中，大多数人同时兼具男性气质和女性气质，只具有极端的单一性别气质的人非常少。研究证明，双性化气质特点对于个体发展是非常有利的。

性别平等不仅有利于女性的发展，对男性也有促进和保护作用。两性相互尊重、和谐共处，是人类文明进步的重要体现。

# 教学环节（六） 画一画——面具之下

目标：让学生思考自己的性别认同情况，学着接纳每个人所具有的不同性别气质。

1. 材料准备

2. 活动过程

（1）教师导入：刚才我们讲了每个人都有生理性别和社会性别，同时也有一些性格特点是内外不同的，请在空白面具的正面写上或者画出想让别人看到的自己，背面写上或者画出内心中真实的自己。

（2）学生两两互相交流。

（3）小组讨论：面具内外不一致，甚至出现很大反差时怎么办？（尤其是性别认同不统一的情况）

（4）小组汇报。

（5）教师总结。

根据埃里克森的发展阶段论，青春期是自我同一性形成的重要时期，在这个阶段，内外不一致和产生冲突是正常的，是我们每个人都需要面对和解决的问题，我们需要做的是接纳真实的自我，尊重自己的感受和性别气质特点，同时学会换位理解和沟通，尊重别人的性别气质特点。

教师在总结时还要支持和鼓励学生将注意力放在自我发展和自我价值提升方面，为自己确定短期和中期发展目标。比如，将短期目标设定为学期期末成绩或某项技能有所提升或每周记录自己的进步，中期目标可以设定为考上自己心仪的学校，或者某项技能达到什么水平等。

## 教学环节（七） 聊一聊——飞鸽传书

此环节可在课余时间完成。

以书信或留言等形式，教师与学生或父母与子女交流对青春期特殊问题的看法，加强与青少年的沟通。

## 四、培训活动建议

本单元活动的目标是与青少年进行真诚的沟通。在沟通过程中，要讲究沟通技巧，充分理解青少年的身心发展特点，站在他们的角度理解他们的行为与感受。

## 五、拓展阅读资料

青春期是个体身心变化最为迅速且明显的时期，由于性激素的大量分泌，青少年的第二性征开始发育渐至成熟，随之而来的心理和社会性发展也呈现出非常明显的特点。他们的自我意识增强，心理闭关自锁，学会隐藏自我，自尊心发展突出，情绪不稳定，具有叛逆心理，认知能力发展明显，自我评价水平逐渐提高但相对肤浅，少年期自我控制能力低。

青少年出现逆反心理的原因主要有三个：一是他们思维的独立性和批判性等有了一定程度的发展，但仍不成熟，具有片面性，看问题偏激，固执己见；二是第二性征的发育增强了他们的成人感，独立意识增强，为了获得心理上独立的感觉，他们对任何一种外在力量都有不同程度的排斥倾向，迫切要求独立；三是不良的家庭和学校教育方式，如否定的态度，片面的评价，单调的教育和管理方式，过度的强制及粗暴恶劣的教育态度等。面对青少年的逆反心理，家长和教师要做到以下几点：一是要辩证地认识中学生的逆反心理，即青春期的逆反心理有其合理、积极的一面，他们对父母的反抗，对教师观点的质疑，对社会不公的憎恨，都反映了学生思维的独立性、批判性和自我意识的增强；二是要学会倾听孩子的心声；三是要增强校园生活的吸引力。

德国教育哲学家斯普兰格（E. Spranger）在《青年心理学》一书中最早提出闭锁性是青春期心理的主要特征。他将青春期的这种特点表述为：人们到了青春期有了自己的内心世界，不再像儿童时期那样直率、率真，即使对最亲近的人也很少吐露真情，表现得顾虑重重，不愿与他人多接触。[1]《中国大百科全书·心理学》对于青春期的重要心理特点的看法是：一方面会产生反抗情绪，渴望被人理解；另一方面又企图把自己的内心闭锁起来，引起自相矛盾和协调困难。[2] 主要原因有以下几个方面：心理成熟前倾和心理成熟滞后的矛盾，自我意识的发展与社会要求间的矛盾，个性原因，家庭因素，学校因素。

依据埃里克森的人格发展理论，6 岁至 12 岁（童年期）的孩子处在勤奋与自卑的冲突时期，12 岁至 18 岁的青少年容易对角色的同一性产生混乱，体现在对身材与外貌的自卑，对学业的勤奋，对性别角色认知的混乱等方面。选择和确定青少年的自我角色，建立一种新的自我认同，确定青少年在社会集体中所占的情感位置，是达到自我同一性的关键因素。[3]

这个时期，青少年容易受流行文化影响。多元化的内容丰富了生活，帮助他们开阔思维，发展个性，但如果不加以辨别，沉溺其中，则容易与现实生活脱节，诱发道德问题，导致认同危机。[4]同伴对青少年的社会和个人价值评估起到非常重要的影响，同伴群体是青少年在青春期成长中的重要他人，是他们典型行为的重要决定因素之一。受同伴的影响，青少年针对某一问题，可能会从众。如女生希望通过节食减肥等方式塑造完美体

[1] 依田新．青年心理学［M］．杨宗义，张春，译．北京：知识出版社，1981：1.

[2] 中国大百科全书总编辑委员会．中国大百科全书：心理学［M］．北京：中国大百科全书出版社，2004：248.

[3] 侯岩峰．论中学生的自我同一性心理危机干预［J］．现代教育科学，2012（8）：74–75.

[4] 袁玉荣．透视青少年流行文化对中学生的影响［J］．中国德育，2007（3）：25–29.

形，其实这时需要一个同伴告诉她："学会接纳自己原本的样子，一个人的美丽和魅力还体现在知识的厚度、思想的深度、阅历的丰富度。"

除了同伴，学校和家庭在青少年青春期教育中也起着重要作用。学校的主要教育途径有：开展青春期性健康教育及开设相关课程，通过其他学科课程渗透相关知识，加强校园文化建设，加强心理咨询与辅导。其中，语文、艺术课程是很好的载体，在课程中讲解男性和女性的性别角色特征，每个成员在家庭、社会中应该承担的责任，以及恋爱、婚姻与家庭的概念等内容，帮助学生养成良好的性审美观念，培养学生健全的人格。[1]青少年的叛逆与反抗行为更多表现在家庭中，家庭是青春期教育的主要场所，其中父母的教养方式直接影响到青少年的人格和行为。采用归纳式技巧的父母会向子女解释每个人的行动都应顾及他人，给予子女更多的温暖与情感支持；采用民主式技巧的父母允许子女参与家庭重大事件的决策，允许对父母的观点提出疑问，鼓励亲子之间的言语交流。[2]对于青少年的典型青春期行为，家长给予充分的尊重、倾听、接纳、包容和鼓励至关重要，孩子感受到被爱与被尊重时，这个暴风骤雨的过渡将更加积极平稳。

---

[1] 杨培禾. 学校青春期性健康教育实施途径和方法［J］. 中国学校卫生，2010（8）：981-982.

[2] 张璐斐，张琦光，施小菊. 青春期父母教育方式的调整与亲子关系［J］. 教育理论与实践，2002（10）：61-64.

# 第四单元 你好，我的月经朋友

## 一、教学目标

### （一）知识层面

1. 知道关于月经的科学知识及其在女性生命中的作用和意义。

（1）月经产生的原因和周期。

（2）月经的产生过程。

（3）健康经血的特点。

（4）月经对女性的作用和意义。

（5）痛经和月经不调的知识。

（6）形成“月经羞耻”现象的社会背景和原因。

2. 掌握经期的注意事项及经期卫生保健的基本做法。

### （二）技能层面

1. 能够更好地处理痛经和月经不调等问题。

2. 增强经期自我保健的能力。

（1）挑选和使用卫生巾。

（2）选购、清洗内裤。

（3）月经期在吃、穿和运动等方面的注意事项。

（4）基本的自我妇科保健。

3. 能够用合适的方式跟身边的异性沟通月经期的一些特殊需求。

### （三）态度层面

1. 理解月经给青春期少女带来的影响，学会接纳自己身体的变化，呵护、爱惜自己的身体。

2. 打破对于月经的恐惧、误解，消除月经羞耻。

## 二、活动概览

课程以小组合作的方式开展，课前请先分好组，6~8 人一组。

表 3-7　教学设计

<table>
<tr><th>教学环节</th><th>内容与过程</th><th>时间</th><th>形式及材料</th></tr>
<tr><td>我的月经故事</td><td>小组活动：分享自己的或听到的第一次月经故事<br>小组交流：关于月经的各种称呼</td><td>20 分钟</td><td rowspan="4">小组讨论、班级交流、案例分析、情景表演<br><br>PPT、小贴纸、马克笔、大白纸、胶带、白板</td></tr>
<tr><td>月经知识知多少</td><td>写一写：一句话定义月经<br>教师讲解：关于月经的科学知识（产生机理、作用）<br>七嘴八舌：诉说少女的烦恼<br>教师总结：青春期女生在月经问题上的主要困扰和痛苦（生理、心理、社会层面），形成对月经的科学认知，了解月经在女性生命中的作用与意义<br>小组活动：经期实用技能大分享，总结出适合自己的实用知识（注意代际差异）</td><td>50 分钟</td></tr>
<tr><td>“淘气”的月经</td><td>学生讲述：痛经的表现及成因<br>小组活动：痛经怎么办，了解缓解痛经的办法<br>教师讲解：月经不调的表现及成因</td><td>20 分钟</td></tr>
<tr><td>为月经正名</td><td>小组活动：说说那些有关月经的羞于启齿的事<br>教师讲解：月经禁忌和月经偏见，帮助学生了解月经给女性带来的影响以及背后的性别不平等<br>小组讨论：月经偏见给我们的生活带来了哪些影响，向月经羞耻说“不”我们应该怎么做<br>教师总结</td><td>20 分钟</td></tr>
</table>

## 三、教学过程设计

### 教学环节（一）　我的月经故事

**活动一：难忘的第一次月经故事**

目标：将学生的生活经验带入课堂中，引起共鸣，进而引出对月经话题的讨论。

1. 引入

还记得你第一次来月经是怎样的吗？这个特殊的日子带给你什么特别的体验？在你的生命历程中，月经给你带来哪些特别的经历或故事？回忆一个让你特别难忘的自己的月经故事，或者你的姐妹或朋友关于月经的故事。

2. 写一写

请学生默默地回忆 30 秒，在小纸条上匿名写下如下信息：第一次来月经的时间及年龄，当时告诉了谁，是如何处理的，用 3~5 个词语来形容当时的心情和感受。

3. 讲一讲

让学生找一个同伴互相讲一讲，在小组内分享彼此的故事。

4. 分享、总结并思考

全班分享一些故事，并总结、思考月经初潮时常见的心理感受和行动反应。

5. 延伸思考及讨论

（1）不同年龄的人对月经的认识有什么不同？面临的相同和不同的问题是什么？现在的女孩面对月经时最大的困惑和需求是什么？

（2）寄宿制学校女生月经期间的特殊困难是什么？

（3）学校和教师应该如何关爱与支持女生？可以从不同角度讨论：学校环境和设施（如厕所的设置）、课程支持（如青春期生理卫生课）、活动（如关爱女童活动、国际女童日等）、教师（如个别交流心理辅导等）。

**活动提示：**

这个主题的教学，教师自身一定要克服月经羞耻的心理偏见，积极正面地营造温馨、关爱的氛围。

**活动二：月经的各种称呼**

目标：帮助学生理解不同的月经隐晦称呼背后是不同历史时期和不同社会文化下人们对月经的看法，深层因素是社会文化层面的禁忌。

1. 引入

月经是青春期女孩必须要面对的事情，是伴随女性生命的很重要的“朋友”。但是对于月经却有很多不同的叫法，而且在日常的话语体系中似乎还刻意避开使用“月经”这一正式的称呼，而是使用一些约定俗成的、含蓄的、隐晦的叫法。你在与妈妈、姐妹、好朋友交流的时候，怎么称呼月经？这些不同的称呼背后代表了人们对月经的什么看法？

2. 写一写

请学生将知道的关于月经的称呼写下来。

3. 讨论

全班小组内分享并讨论为什么人们会对月经有这样的称呼。

4. 教师总结

小组汇报并交流讨论结果，教师总结并讲解知识点，引导学生思考：为什么人们要对月经遮遮掩掩、躲躲闪闪呢？月经究竟是什么？

5. 核心知识

对月经的隐晦称呼其实从某种程度上反映了人们对月经这一正常生理现象认识的缺乏和社会文化层面的禁忌。教师在授课过程中，可以帮助学生认识这一现象背后的社会文化问题。

## 教学环节（二） 月经知识知多少

**活动一：月经是什么？**

目标：了解月经产生的原因、过程及基本特征。

1. 一句话定义月经。引导学生在纸上写下对月经的理解或者关于月经的任何知识。用一句话描述月经是什么，或者简单描述月经是怎么产生的。

2. 引导学生与身边的同伴交流，然后再小组交流。

3. 找学生在全班说一说。

4. 教师进行月经知识的讲解。

（1）从生理学角度看，月经是指在性激素周期性分泌的影响下，女性的子宫内膜周期性剥落，经血从阴道排出的过程。月经是女孩进入青春期后，随着性激素的周期性变化而出现的生理现象，是性成熟的一种表现，通常在胸部开始发育后两年出现。

（2）月经产生的过程。女生进入青春期后，随着性激素的周期性变化，卵巢开始定期排出成熟的卵子。如果卵子遇到精子，就会形成受精卵，在子宫内着床，这意味着怀孕的开始。如果卵子没有遇到精子，女性的子宫内膜就会自动脱落，引起子宫出血，这就是月经。来月经意味着具有生育能力了。（比较学理化的表述：月经形成的原因在于性激素的周期性变化。初期，子宫内膜开始增厚，为将来可能的胚胎发育做准备，并为胚胎植入准备营养物质。通常情况下，每个月经周期的中间，大约是第 14 天，女性的卵巢会排出一枚卵子，如果与精子结合形成受精卵，则子宫内膜会成为胚胎进一步发育的温床。而如果精子与卵子未结合，子宫内膜就会脱落排出，从而形成月经。）

月经通常每月一次，周而复始，成为伴随女性几十年的生理现象。理解月经原理的基础是女性生殖系统的基本知识，包括卵巢、输卵管、子宫等。

（3）月经血是从子宫流出来的血液，从本质上说，它与鼻子、牙龈、皮肤等身体任何部位流出的血液在性质上没有太大区别。来月经虽然是出血，但并不是生病。

（4）月经具有加速新陈代谢、增加血液循环、完善造血系统的作用。

5. 教师引导学生用简练的语言说一说月经产生的过程。

**活动二：少女的烦恼**

目标：了解月经给青春期少女带来的影响，引导学生接纳月经，呵护、爱惜自己的身体。

1. 引导学生说一说月经带给青春期少女哪些方面的影响，可以从生理和心理两方面进行思考。

2. 核心知识点：

（1）月经的到来总会给女生带来一些生理和心理上的困扰。一是生理层面，如腰疼、腹痛、腹胀、乳房胀痛、四肢浮肿、头晕等，有的女生来月经之前会有上述征兆；二是心理层面，女生会对月经的定期到来产生焦虑和恐惧。

（2）有些女生在月经到来前出现手足无措、情绪低落、暴躁易怒甚至更严重的异常行为，这种现象被称为经期前综合征。症状轻者可自行缓解，严重者则需要找专业人士进行心理疏导。

（3）教师需要帮助学生认识到，月经固然会给我们带来一些身体上的不适和麻烦，但这是一种自然现象，预示着我们开始走向成熟。来月经不是“倒霉”，反而是一件值得庆贺的事，是个体成熟的重要标志，也是个体繁衍功能的重要体现，我们需要好好接纳月经的到来，好好爱自己。

（4）教师要引导学生从科学层面、心理层面、社会责任层面全方位认识月经的意义。

**活动三：月经知识知多少**

目标：对前面已经学习过的关于月经的科学知识进行复习和沉淀。

引导学生对下面的知识从了解程度和重要程度打分（最低0分，最高10分）。

1. 月经通常每月一次，周而复始，是伴随女性几十年的生理现象。

2. 女生月经初潮一般在11~16岁，大部分女生会在12~14岁时来月经。

3. 一个月经周期是21~35天，月经持续时间为3~7天。

4. 一次月经期，出血总量一般为30~60毫升（建议用矿泉水瓶装水来展示）。

5. 月经血是从子宫流出来的血液，从本质上说，它与鼻子、牙龈、皮肤等身体任何部位流出的血液没有太大区别。

6. 月经血呈暗红色，无臭味，黏稠而不凝固。经血大部分是血液，此外还含有脱落的子宫内膜组织、宫颈黏液和少量水分。

7. 由于青春期少女的卵巢没有完全发育好，月经周期或出血量还不太固定。

8. 每个女性初次月经和绝经的时间都不同，出血量多少、持续时间长短、是否痛经等都会存在差异。

9. 绝经，意味着月经终止，是女性卵巢功能衰退、生育能力丧失的标志。绝经年龄通常在 45~55 岁。

10. 来月经意味着女性有了生育能力，意味着要对自己的行为负责任。

**活动四: 经期实用技能大分享**

目标: 掌握月经期的注意事项和经期卫生保健的基本做法。

1. 引导学生以小组为单位，梳理并总结出以下两方面的技能清单，越多越好: 第一, 如何挑选和使用卫生巾; 第二, 月经期的自我保健(吃、穿、运动等)。

2. 小组汇报，班级交流。交流时教师可以引导学生针对卫生巾、内裤和经期保健三个方面进行深入探讨。

(1) 卫生巾专题深入。

①教师引导学生就品牌、质感、使用心得等进行交流，也可以讲一讲自己是如何选择卫生巾的。

②可以进行延伸讨论: 卫生巾的前世今生——卫生带、卫生纸、月经杯。

③课后扩展活动: 回家访问自己的妈妈、奶奶、姥姥，她们来月经的时候使用什么物品处理，听听她们的月经故事，看看不同时代的女性是如何应对青春期身体变化的。

④知识点: 卫生巾的基本构成、选择标准、更换时间、注意事项。

⑤正确挑选和使用卫生巾小提示:

a. 选择正规厂家生产、正规商店出售的卫生巾。

b. 好的卫生巾要有吸收率高和透气性好的特点。

c. 注意保质期限。

d. 根据自己皮肤的特点选择棉面或者网面材质。

e. 女性在月经期间抵抗力差，长期使用不合格、不卫生的卫生巾会增加患妇科病的风险。

f. 流量多时每隔 2~3 小时换一次，流量少时也不要超过 4~5 小时。

g. 更换卫生巾前要洗净双手。

**∷ 活动提示：**

教师可以从市面上买来常见的几种卫生巾、护垫、卫生棉条、月经杯（根据本地实际情况选择），让学生看到实物，分别讲解各种产品的优缺点、价格区别等。

教师也可以带来内裤，给学生演示卫生巾的正确使用方法；演示使用之后的卫生巾的处理办法。

（2）内裤专题深入。

教师可以讲解内裤的选购标准，内裤的清洗、晾晒注意事项以及阴部清洁注意事项。

（3）月经期的自我保健专题深入。

结合学生列的经期自我保健清单，教师要能够讲清楚背后的原理，所以吃、穿、运动等注意事项本身不是重点，背后的原理是教学的关键。

教师可以带着学生一起讨论下面的问题，巩固关于月经及其保健的知识点。

①露露 12 岁就来月经了，我都 14 岁了，还没来月经，是我有什么问题吗?

当然不是，月经来潮的早晚有个体差异。身体发育早的女孩月经来得早。一般认为 16 岁之前来月经都是正常的。

②来月经后意味着能当妈妈了吗?

来月经说明女孩开始排卵，如与有生殖能力的男性发生性行为，有可能怀孕。

③两次月经之间间隔少于 21 天或者超过 35 天，月经持续时间大于 1 周，正常吗？

正常的月经周期一般在 21~35 天，周期长短因人而异，提前或推迟 7~10 天都是正常的，如果能保持一定的规律性，没有其他异常感觉和症状，就是正常的。如没有规律性，或出血持续时间过长，要及时看医生。

④月经期间最好不吃什么？

a. 尽量避免进食寒凉的食物。寒凉的食物进入人体后，机体受到冷刺激，血管会收缩，从而影响子宫内膜的脱落，导致痛经。

b. 避免进食辛辣刺激性的食物，避免喝浓茶。月经期本身就是失血的特殊时期，如果再喝浓茶，易造成贫血。

⑤月经期间可以洗澡吗？

可以。经期洗澡宜采取淋浴式，不洗盆浴或坐浴，不宜用沐浴液清洗阴部。

经期要保持外阴清洁，一般用干净的温水清洗外阴部就可以了。

内裤要勤换、勤洗，以减少细菌的滋生及血垢对外阴及大腿内侧的刺激，洗后在太阳下晾晒。

大便后要从前向后擦拭，以免将粪便带入阴道，引起炎症。

⑥月经期间可以穿紧身裤、低腰裤吗？

最好不穿。月经期间最好穿宽松的裤子，臀围小的紧身裤会使局部血管受压，影响血液循环，造成阴部充血水肿。最好穿高腰裤子，避免子宫受凉而引起腹痛。

⑦月经期间可以游泳吗？

最好不要游泳。来月经时抵抗力会下降，游泳受凉容易被病毒入侵。

⑧月经期间可以上体育课吗？

正常情况下，可以上体育课，但要避免剧烈运动。

月经期间剧烈运动和长期静坐这两个极端做法都是不对的。剧烈运动会诱发或加重月经期间的全身不适，甚至引起痛经和月经失调。一些增加腹压的力量性锻炼会引起月经血量过多或经期延长。一些活动量小、强度低、动作温和的适量体育活动，可以促进血液循环，对减轻经期小腹坠胀和腹痛是有益的，同时还有助于调节大脑的兴奋和抑制过程，分散注意力，保持精神愉快，减少经期紧张、烦躁等不适感。

**活动提示：**

关于月经期是否可以上体育课，可以与学生一起讨论如何向体育老师请假的问题，以更有利于女生经期的保健。

3. 总结梳理并将讨论结果呈现在大白纸上，后续可继续完善为实用手册《你好，月经：实用指南》，总结出适合学生的实用知识。

## 教学环节（三）“淘气”的月经

目标：了解痛经和月经不调的知识，以及正确处理痛经和月经不调的方法。

1. 引入：女孩来月经时会有不同的生理反应，有的人没什么特别的感觉，但有的人却非常难受，肚子痛，我们称之为痛经。你有没有痛经的经历？你身边的家人或者朋友有没有痛经的经历？

2. 引导学生与同伴交流痛经的原因。

3. 讲解知识点[1]：

（1）月经前后或者期间发生剧烈的肚子痛、坠胀，伴有腰酸或其他不适，症状严重影响生活质量，月经过后自然消失的现象，叫作痛经。痛经是女性经期中非常普遍的现象。

（2）多数痛经出现在月经期间，部分人发生在月经前几天。

---

[1] 相关知识主要引自孙庆伟等主编的《医学生理学》（第 2 版，人民卫生出版社，2013）。

（3）痛经分为原发性和继发性两类。原发性痛经是指从有月经开始就发生的腹痛。原发性痛经的发生主要与月经时子宫内膜前列腺素含量增高有关。大量的前列腺素引起子宫平滑肌过强收缩，血管痉挛，造成子宫缺血、乏氧状态而出现痛经，是生殖器官无病变性痛经，90% 以上的痛经属于此类。继发性痛经则是指行经数年或十几年才出现的经期腹痛。继发性痛经多数是盆腔器质性疾病造成的，例如子宫内膜异位症、子宫腺肌病、盆腔炎、盆腔充血等。

4. 小组讨论分享大家平时是怎么应对痛经的，共同找出好的经验和办法。

5. 小组总结报告，教师点评总结并讲解知识点。

痛经是一种常见的生理现象，但是痛经的影响却不容忽视。不同女性以及不同年龄阶段痛经的程度存在明显差异，因此减轻疼痛的策略也存在不同。

缓解痛经的几种办法：

（1）少量多餐，饮食均衡，避免过甜和过咸的食物。

（2）注意保暖。经期不要穿着露腰的短款衣服，可在腹部放热水袋或热敷垫。

（3）多喝热水。

（4）可以吃一些止痛片。

（5）适量运动，如散步，避免剧烈运动。

（6）情况严重时，要及时就医。

6. 教师讲解月经不调。

（1）还有一种与月经有关的妇科病叫月经不调，指女性的月经周期不规律，月经量不正常（过多或过少），月经血色有问题（或明或暗），也指经期前或者经期身体不适等。

（2）一些青春期女孩出现月经不调，主要有：

①月经量少。其中一个不容忽视的原因是减肥不当。不科学的减肥，如过度节食会使身体缺乏所需的营养和脂肪，造成体内难以产生足量的雌性激素，进而导致经量变少，严重可致闭经。

②月经推迟。通常是由不健康的生活方式，如常常熬夜、贪凉、过度劳累等引起的。有性行为的女性，倘若有月经推迟的现象，要考虑是否怀孕。

在这里，教师可以延伸讲解一些妇科保健知识[1]。

30~50岁是妇科病高发年龄段，30~40岁是高危年龄段，尤其是有性生活之后。建议30岁以下的成年女性每年妇检一次，35~50岁的女性每年妇检两次。

便前洗手比便后洗手更重要。女性生殖系统有两道天然防线，一是处女膜，二是阴道酸碱度。不注意私处卫生很容易感染，但也不能过度清洁，清水冲洗保持外阴清洁即可，不要擅自使用妇科洗液，因为药物会破坏阴道原有的酸碱度，从而打破自身的生态平衡，进而导致阴道感染的发生。

宫颈癌是严重威胁女性健康的癌症之一，其发生与人乳头瘤病毒（HPV）感染密切相关，但随着医疗技术的进步，宫颈癌已经能够通过接种HPV疫苗得到有效的预防，推荐在接种年龄范围内积极接种。宫颈癌、子宫肌瘤、子宫内膜癌以及乳腺癌都有最佳治疗期。定期妇科检查对于疾病的早期发现、早期治疗、早期根除大有好处。

青春期正值运动量大且乳腺发育之时，挑选合适的内衣可以为乳房提供保护，因此购买内衣不能随意，要学会挑选适合自己的尺码。

月经血富含营养物质，加上阴部环境潮湿，极易滋生细菌，因此月经期要勤换卫生巾，以免感染。同时卫生巾要选择不易过敏的材质。

[1] 相关知识主要引自谢幸等主编的《妇产科学》（第9版，人民卫生出版社，2018）。

# 教学环节（四） 为月经正名

目标：打破女生对于月经的恐惧、误解，消除月经羞耻心理。

1. 引入：对女性来说，月经和感冒都是正常的生理现象。但是，为什么感冒了我们可以很自然地在众人面前吃感冒药，却很少有女性在上卫生间时毫无遮掩地拿着卫生巾？

2. 小组交流，说一说那些有关月经的不好意思的事。

3. 小组汇报分享：

（1）在日常生活中，我们很习以为常地用“大姨妈”“那个”“老朋友”等指代月经，尤其是男性在场时。

（2）女生明明大部分都已经经过了初潮，但没有人愿意承认自己来了月经，好像这是什么特别丢人的事情似的。

（3）上体育课时，因为月经来了而请假，却假装是胃疼或者其他原因。

（4）当发生侧漏的时候，女生会惊慌，想方设法遮盖和掩饰，包括坐在座位上不敢起来，把外套扎在腰间遮挡，或者让朋友站在自己身后帮忙挡一下。但如果是身体其他部位受伤出血则不会这么紧张和感到羞耻。

（5）在超市挑选卫生巾时每次都匆匆忙忙，很多男性也不好意思去超市帮自己的女友或妻子买卫生巾。

（6）每次要去厕所换卫生巾的时候，如果是穿着长袖衣服，就会把卫生巾藏进袖子里，或者买个小包来装卫生巾。

4. 小组交流讨论：

（1）在本地文化习俗中有哪些针对月经的禁忌？

（2）为什么会有这些月经禁忌？

（3）这些禁忌和偏见对女性产生怎样的影响？

（4）我们应该如何看待这些禁忌和偏见？

5. 教师讲解核心点：

（1）形成原因。

月经代表着不祥、疾病，这种想法源远流长。古人认为血代表着生命和恐怖，缺乏科学知识让正常生理现象蒙上了禁忌色彩。

（2）我们应该向月经羞耻说“不”！

常态化地公开谈论月经，这是打破禁忌的第一步。

事实上，许多人都在为这种不必要的羞耻感以及羞耻感带来的问题做出努力。印度的某网站以漫画的形式为人们提供关于青春期、月经和生理卫生的知识。

国内的很多非政府组织与当地学校、教育行政部门携手实施青春期性健康教育：让每个女生都懂得照顾好自己，使用合适的经期卫生用品；懂得基本的常识，不因为月经而感到害怕、害羞。

推荐大家看纪录片《月事革命》以及电影作品《我的生理期》（*My Time*）。

**活动提示：**

教师一定要引导学生们说一说，在本地的文化传统中，勇敢地向月经羞耻说“不”时有哪些比较合适的途径和方法，比如理念、能力、行动等。

## 四、培训活动建议

本单元培训也可与生物课或者生理卫生、健康课等结合。可男女生合班，也可单独给女生开课。

## 五、拓展阅读资料

《2015 中国女性生理健康白皮书》显示[1]，中国有接近 80% 的女性伴有轻度及以上的痛经，其中超过 14% 的女性痛经对生活有影响。未婚女性痛经情

[1] 大姨吗发布《2015 中国女性生理健康白皮书》[EB/OL].（2015–03–19）[2022–03–25]. https：//tc.people.com.cn/n/2015/0319/c183206–26719082.html.

况比已育女性严重，月经不规律比例也比已育女性高出 5.3%。同时，中国女性月经初潮呈现早龄化趋势，11 岁及以下出现月经初潮的比例从 2013 年的 5.7% 上升至 2015 年的 12.07%。

初潮到来的时间是因人而异的，和年龄、体重等很多因素都有关系。如果内裤上有茶色血渍，或者有掺杂着血的粉色分泌物，就代表初潮到来。月经周期并不一定都是 28 天，只要时间间隔稳定就可以视为是规律的。正常月经总量在 5~80mL，大多数人在 20~60mL。1mL 月经血流在卫生巾上的面积约为 1 元硬币大小，此法可用于大致测算月经量。月经量过少或过多都需要检查激素水平和进行妇科 B 超检查。如果过了 15 岁，初潮还未到来，需要和妈妈或者卫生老师交流一下是否去看医生。女性来月经时，要格外关注自己的身体状况，月经期间注意不要贪凉、喝酒、熬夜等，保持健康作息，可以通过咨询家长和老师，查阅书刊，关注网络上的妇科知识、性健康知识科普的医生等，提高自己对生理知识的了解，打破民间对性知识的谣言。

近年来，许多国家和地区发起了对女性经期、卫生巾价格、月经盒的关注和支持，“Girls support girls”成为女性广泛参与的活动之一。相当一部分国家都存在女性负担不起卫生巾费用的情况，在贫困地区尤为明显。这个现象也被称为“月经贫穷”（Period Poverty）。2020 年 11 月，苏格兰议会以 121 票对 0 票无异议通过《生理用品免费法案》，成为全球首个卫生巾免费的地区[1]。苏格兰不会是唯一一个让月经贫穷变成历史的国家，其他国家也做出了相应的努力。

我国无锡灵山慈善基金会予她同行基金发起了“卫生巾互助盒”行动，以“女孩从不应该为月经而羞耻，要知道每一次月经，都是月亮对潮汐和你的牵引”为宣传语，全国近 500 所高校和中学参与了这项行动。卫生巾互助盒能成为像卫生纸、洗手液一样平常的存在，需要我们每个人的支持和努力。

---

[1] 全球首创！苏格兰通过《生理用品免费法案》对抗月经贫穷［EB/OL］.（2020-11-25）［2022-01-05］. https：//xw.qq.com/amphtml/20201125A04BUK00.

# 第五单元　遗精那些事儿

## 一、教学目标

### （一）知识层面

1. 了解遗精的科学知识。

（1）青春期男性的生理变化特征。

（2）男性的生殖器官及其作用。

（3）遗精形成的原因和表现。

（4）病理性遗精的特点及原因。

2. 理解性别刻板印象对生活的影响。

### （二）技能层面

1. 能够正确处理遗精问题，避免遗精对自己产生不良影响。

（1）遗精后的处理。

（2）跟父母沟通。

（3）频繁梦遗的心理调适。

2. 增强对传统意义上“男子汉”标签的反思能力，建立正确的性别观念。

### （三）态度层面

1. 理解遗精给青春期男生带来的影响，能够以正确的态度接受这种生理现象并树立健康的性心理。

2. 理解性别只是一种生理特征，并不能决定我们的行为特征以及性格特征，破解性别刻板印象对男性的禁锢与影响。

## 二、活动概览

课程以小组合作的方式开展，课前请先分好组，6~8 人一组。

表3-8　教学设计

| 教学环节 | 内容与过程 | 时间 | 形式及材料 |
| --- | --- | --- | --- |
| 小男子汉的尴尬事儿 | 小组活动：我们的身体发生了什么变化<br>案例讨论：瑞瑞尴尬的床单事件 | 20分钟 | 小组讨论、班级交流、案例分析<br><br>PPT、小贴纸、马克笔、大白纸、胶带、白板 |
| 遗精的科学知识 | 观看视频《遗精那些事儿》<br>写一写：遗精知识记忆大比拼<br>教师总结：男性的生殖器官，遗精的关键知识点以及男生青春期的变化<br>小组讨论：有关遗精的观点辨析 | 40分钟 | |
| 遗精了怎么办 | 写一写：遗精的故事<br>小组讨论：遗精了怎么办 | 20分钟 | |
| 做个真正的男子汉 | 小组讨论：何为男子汉气质<br>观看视频《面具之下》<br>是与非：对一些性别刻板印象的观点进行判断<br>教师讲解：青春期要遵守的守则 | 30分钟 | |

## 三、教学过程设计

### 教学环节（一）　小男子汉的尴尬事儿

目标：将学生的生活经验带到课堂上，引导学生思考青春期的身体变化，引出“遗精”的话题。

1. 引入：如果这张图片（略）显示的是我们的一生，你们觉得现在的你们处于哪一阶段？

2. 小组讨论：画一画、写一写这个时期的我们身体上的变化。

3. 全班分享：

（1）青春痘（长在脸上、头上、背上等）。

（2）脖子上长了喉结。

（3）变声，从清脆到低沉沙哑。

（4）体毛增多。

（5）长出胡须。

（6）遗精，最尴尬的床单事件。

4. 教师讲解核心知识点：青春期男生的身体变化。

（1）10~11 岁身高突增，睾丸、阴茎开始发育。

（2）12 岁身高突增高峰，出现喉结。

（3）13~15 岁变声，出现腋毛、阴毛，睾丸、阴茎继续发育，首次遗精，出现胡须。

（4）16 岁睾丸、阴茎已达成人大小。

（5）17~18 岁体毛接近成人水平。

**活动提示：**

鼓励学生画出人体轮廓，并标注自己感觉到的身体变化。从以往的培训中发现，部分学生会画出非常形象的青春期变化图，这样可以让学生以轻松、直观的方式接纳身体的变化，也为后面的课程奠定基础。另外，如果学生在这个活动中没有提出遗精的问题，教师可以不点出来，为下面的课程留点空间；如果已经提出了遗精，教师在这个地方无须多讲，点到即可。

5. 出示案例：

今早一觉醒来，我发现了奇怪事件——床单上赫然画着“地图”，我用手一摸，感觉湿漉漉的。天呀，莫非……莫非我昨晚尿床了？这……这不可能呀，我都 14 岁了，怎么可能还尿床呢？可是铁证如山，我是赖不掉的。我要尽快销毁证据，免得被爸妈笑话。

——节选自瑞瑞的日记

6. 引导学生讨论瑞瑞身上发生了什么事情，提出遗精这个话题。

# 教学环节（二） 遗精的科学知识

目标：了解关于遗精的科学知识，以正确的态度接受遗精这种生理现象。

1. 观看视频《遗精那些事儿》，看后请学生回忆视频中关于遗精的知识点并写出来，看看哪个小组写得多。

2. 全班分享，如果学生写不出来，可以再看一遍。这里教师不用给出标准答案，引导学生说一说、写一写就行。

3. 讲解知识点：

（1）男性的生殖器官分内、外两部分。外生殖器包括阴茎（排尿和射精）、精囊（帮助调节温度，使睾丸处于合适的温度中），内生殖器包括睾丸（制造性激素及精子）、输精管和附属腺。

（2）男性 10 岁左右开始青春期发育，内生殖器官逐渐成熟，睾丸不断产生精子，储存到一定程度，体内无处可容，便以遗精的方式排出体外。

（3）13~15 岁，会在无性意识的情况下自发地射精，这就叫遗精。第一次遗精是青春期成熟的信号，遗精常常发生在晚上做梦的时候，所以也称为梦遗。

（4）男性首次遗精年龄受经济、文化、社会环境等诸多因素综合的影响，呈现普遍提前的趋势。

（5）遗精是自发的，它不是人的意识所能控制的。

4. 小组讨论：关于遗精知识的辨析。

（1）一滴精十滴血，遗精损害身体健康，“大伤元气”。（错）

（2）梦遗（梦中遗精）是性幻想造成的，是不道德的。（错）

（3）遗精是性器官成熟的表现。（对）

（4）遗精就像月经，是有时间规律的。（错）

（5）不是所有的遗精都正常。（对）

5. 核心知识点：

（1）精液。

①一次遗精的精液多为 3~4mL。

②精液 = 精子 + 精浆。

③精液 = 水分（90%）+ 少量蛋白质、脂肪、糖类、无机盐、有机小分子。

（2）频率[1]。

① 90% 的人会出现遗精。

②遗精的次数和频率因人而异，与个人的身体素质有关。有人第一次遗精后，要过很长时间才有第二次；有人一个月或一周有 1~2 次遗精；有人连续几个晚上遗精，之后间隔很长时间，这都是正常的。

③一个月里五六次遗精，是在正常的频率范围内。只有持续 1~2 周以上的频繁遗精，或白天一有性冲动，精液就自行流出，才需要去看医生。

（3）病理性遗精的原因。

①一是心理因素，表现为缺乏性知识，过度关注性问题，使大脑皮层处于持续性兴奋状态而诱发遗精。

②二是过度疲劳，如体力或脑力劳动过度可诱发遗精。

③三是炎症刺激，如包皮炎、精囊炎或前列腺炎等炎症刺激也可导致遗精。此外，局部刺激，如衣裤过紧、睡眠时被褥沉重刺激外生殖器，也会诱发遗精。

## ∷ 活动提示：

关于遗精知识的辨析，教师要能够根据核心知识点讲清楚背后的原理，消除学生对于遗精的一些恐惧和羞愧心理。

---

[1] 闵保华．遗精，男性成长的第一声“问候”[J]．家庭医学（上半月），2010（2）：19.

## 教学环节（三） 遗精了怎么办

目标：学会处理遗精，避免遗精对自己产生不良影响。

1. 出示两个案例，引导学生讨论。

**案例一：**我是一名15岁的初中男生，有时早晨醒来我发现自己遗精了。更麻烦的是，遗精弄脏了内裤、床单，我不知道怎么向爸爸妈妈解释，于是就没有告诉爸爸妈妈，没有换床单，没有换内裤。第二天入睡前，我十分紧张，害怕夜间遗精，结果反而更频繁地遗精。我非常害怕，以为自己生病了，每天面对父母、老师和同学也不像以往自然大方了。

**案例二：**我觉得班上的小静同学长得很漂亮，每天上课都忍不住偷偷看她。晚上睡觉，还会梦到自己与其发生性关系，每次都会梦遗。后来，在同学的“推荐”下，我开始接触色情书籍和网站，即使是白天上课，脑袋里也会浮现这些内容。慢慢地，我完全不能专注于学习，觉得自己堕落了……

引导语：同学们有没有遇到过、听说过上述案例的情况或是相似的情况？请用10分钟在纸上简要写出遇到、听到时的感受与处理方式。

2. 小组讨论：遗精了怎么办？

3. 全班分享。

4. 核心知识点：

（1）如何处理。

①在床头准备些卫生纸，及时擦拭。

②在床头准备内裤以便及时更换。

③换下来的内裤应及时清洗，并里层朝外放在阳光下暴晒。

④遗精后去厕所小便，使残留在尿道里的少量精液及时排出，并用自来水清洗，保持阴部清洁。

（2）与父母沟通。

如果遗精弄脏了内裤、床单，无须对父母躲躲闪闪。这方面的疑惑可以上网搜索一下，但最好是问问爸爸，这不仅能解决很多问题，还可以增进父子之间的感情，能很好地促进健康成长。

（3）克服和消除频繁梦遗的心理调适。

①建立正确的性心理认知。每个正常的男性在生殖系统发育完全后，只要有正常水平的雄性激素，就会产生性幻想。

②转移注意力。不要过多关注梦遗问题，最好的办法是培养自己多方面的兴趣爱好，努力转移注意力到学习和文体活动上。

③规律生活。建立起有规律的生活作息习惯，制订科学的作息时间表。

④克服恐惧和内疚感。积极通过正规渠道去了解性健康知识。知道梦遗是正常的生理现象，不应受到歧视。减轻心理压力，平衡心态，自我放松。

⑤与异性朋友进行正常交往，学会自我疏导。与异性交往时要自然大方，不能因性冲动而视异性为“猛虎”，不敢与异性交流。

## 教学环节（四） 做个真正的男子汉

目标：破解传统意义上“男子汉”的标签，理解性别只是一种生理特征，并不能决定我们的行为特征及性格特征。

1. 小组讨论：何为男子汉气质？请学生列出 5 条以上他们认为的男子汉气质特点。教师可以有意识地引导，如成绩优秀、勇敢、自信、乐观、关心他人、豪爽、独立、冷酷、粗鲁、固执、江湖义气等，以利于后面对传统意义上“男子汉”标签的思辨。

2. 全班分享，分享之后教师可以先不做评判，接着往下引导。

3. 观看纪录片《面具之下》的片头，引导学生说一说，这段视频想要表达什么。

《面具之下》是一部纪录片式的美国电影，它直白地揭露了美国社会文化下，主流男性气质对于男性造成的诸多伤害，并鼓励男性勇敢地跳出社会认知中的固定形象。

正如纪录片所呼吁的一样，不断吹捧和强调男性化以及男性气质，不仅是对女性的剥削，对于男性而言也是一种对其基本权利的伤害，而且还很可能助长各种危害暴力的发生。

4. 引导学生思考并说一说我们的文化中是否也有这样的性别形象认知，能不能举出一些常见的说法，比如“男儿有泪不轻弹”等，说一说你对这些话的认知以及它们对你的影响。

5. 教师讲解。以上我们听到、看到、说到的，都是这个社会在告诉我们男性应该怎样。从大家的讨论中，我们能够看到大家对于这些观点的态度和感受不同，但是每个社会都会有针对某一性别的性格特征、外貌、行为、角色的一些概括化的固定看法或成见，这被我们称为性别刻板印象。在性别刻板印象的作用下，人们把一部分女性 / 男性的特征进行概括，并推广到整个女性 / 男性的群体，从而忽视个体差异。性别二分掩盖了个人能力和特点的多样化，会在一定程度上限制个体的自我认知、自我评价、能力拓展和职业选择，比如男孩多会选择理工类行业而非护理、教育等传统的女性较多的行业，而且这种影响是终生的。

性别刻板印象也会导致性别歧视的产生，使得不同性别的发展机会受到限制，造成很多习以为常的性别不平等现象。消除性别刻板印象，是全面性教育的重要内容之一。

6. 消除性别刻板印象的影响。男性的压力很多都源自性别刻板印象：男性要阳刚，要有男子气概，要勇于担当，不能流露脆弱。然而，每一个人的气质都是男性与女性气质的混合，这个社会也应该是多样化的，性别只是一种生理特征，不能因此限定了行为和性格特征，我们应该接受男性的脆弱，也应该允许女性的阳刚。在成为一个“合格的”男性和女性之前，我们首先要成为一个人格独立、心理健康的人。

7. 引导学生对一些观点进行辨析，巩固上述理念和知识。

（1）好男儿不打架，不欺负弱小。（对）

（2）勇敢、豁达、豪爽、果断、威严、刚强等是专属于男性的优秀品质。

（错，这是男女都有的）

（3）男儿有泪不轻弹，不能显露自己的软弱，最好也不要求助，要自己解决。（错，这是性别刻板印象的影响，男性悲伤痛苦时也可以哭泣，也可以向家人或者朋友袒露自己的脆弱，青少年遇到问题时一定要向父母和老师求助）

（4）女性是胆小、软弱的，不能把重要的事情交给她们。（错，这是性别刻板印象的影响，是对女性的歧视）

（5）好哥们儿受到欺负时，男子汉就应该用拳头解决问题。（错，暴力不是正确的解决方式，青少年的暴力事件往往容易造成无法挽回的后果）

（6）在任何人的身上都无法找到纯粹的男性气质或女性气质，任何个体都兼具男性气质和女性气质。所以，做自己就好。（对）

8. 教师和学生一起约定青春期行为规则。

（1）多沟通，尽量避免和父母、师长怄气。

（2）不能做伤害自己和别人的事情。

（3）孔子曰："益者三友，损者三友。"

## 四、培训活动建议

本单元培训也可与生物课或者生理卫生课等结合。通常由男老师单独给男生开课。破解性别刻板印象的内容可以单独拿出来上男女生合班课，这是性别平等教育的重要内容，也是青春期性健康教育的基础，讨论时可以男女生分开讨论各自遇到的性别问题，然后全班交流。

## 五、拓展阅读资料

遗精是男孩性成熟的标志，睡眠时间不足会增加首次遗精提前发生的概率。遗精过于频繁，每天遗精一两次并持续很长一段时间，或者在短期内一夜数次遗精，或是白天清醒状态下精液也会自行滑出，可能与生殖系统疾病或内分泌异常有关，需要咨询医生。

青春期男生在性别认同上，同样会受到性别刻板印象的影响，这种影响往往比较隐蔽、深远，那些传统意义上男子气概不足的男生会更容易被歧视和霸凌。

课程活动中提到的纪录片《面具之下》探讨了有关男子气概的社会规训问题，如把男子气概等同于对女性气质的拒绝与恐惧，我们可以看到“男性至强”的文化下最深受其害的恰恰是男性。对男子气概的过度强化是男孩在社会化过程中自我否定的重要诱因，也使得男孩的发展受到一定的限制。

我们的社会对性别教育也同样有着难以更改的程式化。波伏娃在《第二性》中说女性不是天生的，而是被塑造的。这种塑造不仅规定了女性，也从否定女性的层面再定义了男性。性别始终是一个具有社会意义的概念。男性气质所塑造的桎梏本质是一种权力的划分，它排斥一切非男性特征而塑造出一种权力的假象。但事实上，感性、渴望被爱、温和，这些品质是属于全人类的。我们需要重新定义男性的力量，不是控制他人，而是支持正义的力量，而正义意味着平等与公平。无论男人和女人，我们都是人类中的一员，我们都有权利做自己希望做的样子。

# 第六单元　青春期的性萌动

## 一、教学目标

### （一）知识层面

1. 知道常见的性意识及表现，理解青春期产生性意识是一种正常的身心反应。

（1）性意识产生的原因及表现。

（2）性欲望是正常的生理、心理反应。

（3）性欲望的缓解途径。

2. 知道应对性意识困扰的积极态度和方法。

（1）过度自慰的危害。

（2）过早性行为的危害。

（3）避孕。

3. 认识在同学中讨论性话题对青春期少年的心理影响。

**（二）技能层面**

1. 能够正确对待青春期的性意识觉醒，增强应对性萌动困扰的能力。

（1）避免过度自慰。

（2）拒绝过早性行为。

2. 增强对性意识话题的分析和反思能力。

**（三）态度层面**

1. 知道青春期的少年产生性意识是正常的，树立对待自慰的正确态度。

2. 正确对待青春期的性萌动，建立健康的性心理。

## 二、活动概览

课程以小组合作的方式开展，课前请先分好组，6~8 人一组。

表 3-9　教学设计

| 教学环节 | 内容与过程 | 时间 | 所需材料 |
| --- | --- | --- | --- |
| 性意识是怎么回事 | 引入<br>写一写：谈到性你会想到什么<br>聊一聊：生活中的性意识<br>教师讲解：性意识的科学知识<br>抢答：关于性意识的话题，辨是非<br>小组讨论：关于性意识的话题，辨影响<br>小组讨论：一起帮帮她 | 50 分钟 | 白纸<br>彩笔<br>PPT |
| 性欲望不是洪水猛兽 | 教师讲解：性欲望是怎么回事<br>教师讲解：如何避免过度自慰带来的危害 | 10 分钟 | |

续表

| 教学环节 | 内容与过程 | 时间 | 所需材料 |
|---|---|---|---|
| 拒绝过早性行为 | 小组讨论：如何看待小君的故事<br>说一说：拒绝过早性行为应该如何做<br>教师讲解：如何拒绝过早性行为 | 25 分钟 | |

## 三、教学过程设计

### 教学环节（一）　性意识是怎么回事

目标：帮助学生理解青春期产生性意识是一种正常的现象，了解常见的性意识表现，学习以正确的态度和行为方式来应对性萌动的困扰。

1. 引入：通过前面的课程，我们知道青春期一个突出的特征是性发育成熟，比如女性月经来潮、男性遗精现象和第二性征的出现。随着性成熟，自然而然就产生了性意识。

性意识是指针对相关对象能引发性欲和性唤起的神经反射。随着生殖器官的发育成熟，青少年的性意识开始萌发，性心理开始成熟。

今天课程的主题是：青春来敲门，一起谈谈“性”。

2. 写一写：谈到“性”，你会想到什么？请匿名写在小纸条上，交给老师。

这个部分可以帮助教师了解学生原有的关于性的知识以及看法，也有利于教师根据学生的原有经验和认识调整教学的重难点。

这个环节教师可以准备小盒子之类的容器收集小纸条。

3. 教师随机抽取并读一读学生所写的小纸条内容。

这个时候学生有可能会重复其中的敏感字句并起哄等，教师要事先有心理预期，最好在开始之前与学生订立一些交流规则，比如尊重、严肃、以科学的态度对待等。如果出现起哄现象，教师需要幽默化解，并且提示大家这是非常正常的现象。

4. 说一说：生活中还有哪些情况属于性意识的表现？你能举例吗？

例子 1　某同学在阅读一本与性有关的杂志时，头脑里产生了对性的臆想：想到异性的形象，幻想与异性相处时的欢快。

例子 2　某同学正坐在沙发上，陷入性的幻想中：幻想与某个异性约会、交谈和亲密依偎等情景。

这里可以让学生说一说自己的或从文学、影视作品中了解到的性意识表现，如果学生都不好意思说，也可以匿名写一写，然后教师来读一读。

5. 教师讲解：性意识的科学知识。

（1）性意识的产生是正常现象。

①随着性器官的发育成熟，性激素分泌增多，性激素作用于大脑就必然会产生性意识。

②性意识的产生是符合人的性生理和性心理发展规律的，是正常现象，也是非常普遍、非常自然的。

③性意识产生后，会通过性意识活动表现出来，做性梦就是其中一种表现。

（2）性意识活动主要有以下表现：对异性有好感（喜欢异性）、对性知识感兴趣（想去了解）、想到性问题（对性问题敏感或害羞）、性幻想、做性梦。

6. 抢答：关于性意识的话题，辨是非。

性意识的产生是正常现象，但是，生活中有部分人无法正确对待这种正常现象，产生了苦恼。下面这些看法正确吗？请判断和分析。

（1）如果某人很想了解性知识，了解性的心理变化，那他肯定很低俗。（错，产生性意识是正常现象）

（2）性幻想是见不得人的事，要马上改掉。（错，产生性意识是正常现象，个人调节就好）

（3）学会“避免法”，平时还是少跟异性同学交往。（错，需要跟异性进行

健康正常的交往，这也是学习两性交往的过程）

（4）一个好学生应该只关心学习，不能去想别的事情，尤其不能想到性的问题。（错，产生性意识是正常现象，不要有负罪感，但要学会用一定的方法进行调节）

（5）喜欢跟异性同学一起玩，文明交往有何不可。（对）

（6）偷偷上网浏览性知识，过后感觉很罪恶。（错，对性好奇是正常现象，但要学习关于性的科学知识，青少年在网上浏览色情内容容易造成精神沉迷，影响自身健康）

（7）对异性有好感，想与异性接触，但又觉得这是不应该的，因为男女同学接触肯定不好。（错，要跟异性进行大方自然的交往，这也是学习两性交往的过程）

7. 小组讨论：关于性意识的话题，辨影响。

每个小组一个话题，讨论一下如果在班里发生了这样的事情，你们会怎么看待，正反两个方向的结果分别会是怎样的。

（1）有的人阅读与性有关的书籍或观看相关的影视资料。

（2）有的人在学习时进行性的相关想象而走神。

（3）有的人在公开场合大胆谈论性的相关内容。

（4）有的人在网络上发表或转发相关的暧昧话语（比如自己很寂寞，或渴望爱情，或思念谁）。

（5）有的人总喜欢开玩笑“某某喜欢某某”。

8. 全班汇报，教师及时反馈。教师要把握两点：一是青春期的孩子产生性意识是正常的；二是性意识的表达要适度，要分场合。

9. 小组讨论：一起帮帮她。

小琳是某中学初二的学生，她在给心理辅导老师的信中说：“进入青春期以后，生理上的许多变化使我对性充满好奇。有时我会偷偷地阅读一些医学书籍，很想从中了解一些关于性方面的知识，弄懂其中的奥秘；有时夜里熟睡时，会梦见和喜欢的异性朋友在一起，做一些不应该做的事。我为什么会对性那么好奇？为什么会做那样的梦？是否心理有问题？请给予指导和帮助。”

如果你是老师，你会跟小琳说什么？

10. 全班分享。

## 教学环节（二） 性欲望不是洪水猛兽

目标：帮助学生了解性欲望是本能反应，是个体发育到一定阶段自然而然产生的，知道性欲望缓解的途径，树立对待自慰的正确态度。

1. 教师讲解：性欲望是怎么回事。

（1）性欲望的产生是青春期个体发育后的一种正常现象。

（2）性欲望深深地扎根在每一个发育正常的男女体内，并成为日常思想感情中的一个重要部分。

（3）正常、适度地满足人的性欲望，是个人身心健康的重要条件。

（4）性欲缓解途径如图 3-1 所示，对于青少年的性欲望，提倡通过非性行为缓解，比如多运动，适当看性教育书籍，听音乐，多参加集体活动，多培养自己的兴趣爱好等。

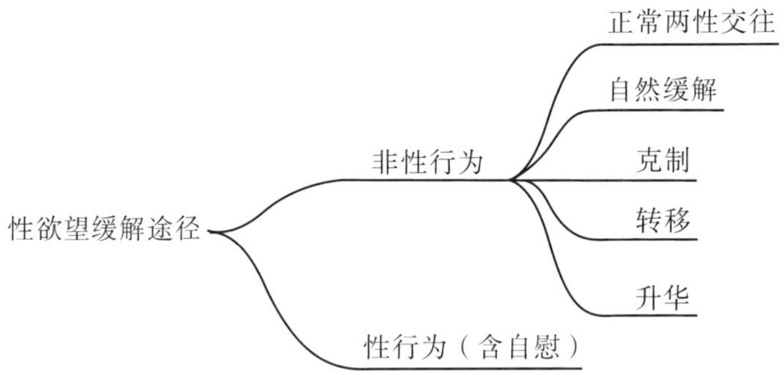


图 3-1 性欲望缓解的途径

（5）正确看待性冲动和自慰：性冲动很正常；自慰可以缓解性冲动，但要注意场合的私密性；不要给自己太大心理压力。

合理排解过盛的精力：当做性梦或性幻想增多，导致上课、写作业走神时，可以通过有益的活动来转移注意力，如运动、逛街、闲聊、看电影、看笑话、听音乐、读书看报等。

2. 教师讲解：关于自慰。

需要向学生传递的理念是：自慰很正常，不自慰也很正常，这完全是个人的抉择，但自慰需要适度并注意私密性。对于青少年尤其如此，关键在于如何避免过度自慰带来的危害。

（1）早起不赖床，不给自己自慰的时间和空间。

（2）穿宽松衣物睡觉，减少敏感部位的摩擦刺激。

（3）远离色情读物。

（4）对待自慰我们要做到不刺激、不关注、不压抑、不自责。多了解健康的性知识，讲卫生，勤洗澡，勤换内衣裤，保持良好的心态和健康的心理。

## 教学环节（三） 拒绝过早性行为

目标：帮助学生了解过早性行为的危害，知道如何拒绝过早性行为。

1. 小组讨论：如何看待小君的故事。

2016 年 5 月，广州市南沙区一名 14 岁的少女小君（化名）发现腹部时常出现阵痛，怀疑肚子里“长了瘤子”，于是到医院看病，其间突然内急，上洗手间时竟分娩出一个男婴。惊慌失措之下，她将婴儿丢弃致其死亡。

2. 全班分享，教师回应，并请大家说一说拒绝过早性行为应该如何做。

3. 教师讲解如何拒绝过早性行为。

（1）正确认识青春期出现的各种生理变化，如来月经、乳房发育等，培养健康的性意识和性道德，通过正规图书、网站学习更多生理知识。

（2）远离色情类书刊及网站，自觉抵制不良刺激。

（3）在交朋友时，要认真选择，不要与作风不正的人交往。

（4）多参加集体活动，但要远离酒吧等不适合中学生的场所。以尊重的态度与异性交往，避免敏感部位的身体接触，珍惜友谊。

4. 关于避孕的话题。

教师可根据当地的实际情况选择是否讨论这个话题。

这是一个很无奈的选择与讲解，发生性行为时一定要做好防护措施，比如使用避孕套（可以讲一下避孕套如何使用），如果没有使用避孕套，事后一定要吃紧急避孕药，但此药对女性身体有一定的影响，可能引起内分泌失调，导致月经周期不规律等。

教师也可以让学生说一说流产对女性的身体有什么伤害，然后讲解习惯性流产问题。

## 四、培训活动建议

本主题单元的培训，要求教师克服自身不好意思的心理，要坚信对孩子进行正面性教育的启蒙是非常必要的，也是孩子心理健康的保证。性不是无师自通或水到渠成的，早期性教育关系到孩子一生的健康和幸福。这部分教学建议使用科学的术语，不要隐晦地说，要正面但不要过于露骨。教师授课时，建议根据学生年龄特点及当地风俗选择一些适宜的活动。

## 五、拓展阅读资料

进入青春期的一个重要标志就是心理上性意识的觉醒。研究发现，孩子在8岁时肾上腺素分泌会发生改变，为青春期性意识觉醒做好了生理上的准备。青春期心理上性意识的觉醒主要表现在以下四个方面：（1）对生殖器官感到好奇，想了解它的结构、组成和功能；（2）喜欢接近异性，但又易冲动，很难控制自己的情感和行为；（3）开始产生性欲望和性冲动，比如爱看言情小说，出现性幻想和憧憬，性欲望强烈时还会自慰；（4）对性知识产生浓厚兴趣，如果内心的困惑难以从父母、学校等正规渠道得到解答，就会从其他途径满足自己的好奇心，易陷入色情文化的泥潭。

青春期的男孩往往会通过讨论两性问题、说粗话等方式来表达自己的成人气概，越是大人保密的事他们越是谈论得起劲。青春期的女孩也会变得对两性话题比较敏感，会私下与好友讨论，或看着言情小说、电视剧独自幻想。

学校和家庭不要过分敏感，也不要回避这个问题，要承认青少年出现的性冲动是正常的。在教育的过程中要保护孩子的自尊心，为青少年普及科学的性知识，引导他们正确对待和处理这些问题，增强他们对色情文化的免疫力和抵抗力，学会爱自己、保护自己。

美国心理学家赫洛克把青春期的性意识分为四个时期：（1）疏远异性的性厌恶期。青少年开始发现人类性生理的一些奥秘，产生不安、害羞和反感等情绪，于是对异性采取回避、冷淡和粗暴的态度。（2）向往年长异性的牛犊恋期。他们对异性的爱慕往往是从比自己年长得多的异性开始的，一般只是默默地向往，而不会爆发出来成为真正的追求和恋爱。（3）接近异性的狂热期。他们开始对年龄相当的异性产生向往，在各种集体活动中创造机会引起异性对自己的注意，但由于他们以自我为中心的意识太强，因此冲突较多，接近的对象也会经常变换。（4）青春后期的浪漫恋爱期。这个时期的爱情集中于一个异性，对其他异性的关心明显减少，设法单独约会，不愿参加集体性的社会活动，经常陷入结婚的幻想中，得到独立感的满足。进入青春期的男女在正常情况下，大多会经过这几个阶段，只是各个阶段时间长短有所不同，或某个阶段的表现并不明显。

# 第七单元　青春期的情感

## 一、教学目标

### （一）知识层面

1. 知道爱情观念形成的主要影响因素。

2. 理解斯滕伯格爱情三元论的基本观点。

（1）爱情的三个心理要素。

（2）爱情的三要素随时间变化的趋势。

（3）爱情三角形理论。

3. 理解学龄阶段男女生关系的发展变化特征，了解青春期的情感特点和矛盾心理。

4. 知道以下青春期常见的五种情感状态可能出现的风险。

（1）暗恋。

（2）被告白。

（3）网恋。

（4）失恋。

（5）过早性行为。

**（二）技能层面**

1. 能够运用斯滕伯格的爱情三元论分析青春期爱情的特点。

2. 增强学生在暗恋等五个具体的情感关系中处理问题的能力，能够更好地处理青春期的情感困扰。

**（三）态度层面**

1. 理解爱情是个体发展到一定年龄阶段自然而然产生的心理状态，能够正视青春期的情感。

2. 正确看待早恋的话题，学会建立青春期健康的两性关系。

3. 理解自我成长和精神独立是爱情健康美满的基础，能够形成正确的爱情观。

## 二、活动概览

课程以小组合作的方式开展，课前请先分好组，6~8 人一组。

表 3-10　教学设计

| 教学环节 | 内容与过程 | 时间 | 所需材料 |
|---|---|---|---|
| 什么是爱情 | 歌曲导入，引出爱情的话题<br>小组活动：聊一聊你喜欢的爱情故事<br>教师讲解：斯滕伯格的爱情三元论<br>小组活动：请用斯滕伯格的爱情三元论分小组讨论青春期的爱情特点<br>小结：什么是爱情 | 30 分钟 | 冥想音乐 |
| 早恋大家谈 | 教师讲解：分析学龄阶段男女生关系的发展变化，引出青春期性心理特点<br>早恋大家谈<br>教师讲解：什么是早恋？为什么会产生早恋？早恋会给中学生带来哪些影响？ | 20 分钟 | PPT |
| 锦囊妙计：我们一起想办法 | 分小组进行案例讨论，分别形成针对暗恋、被告白、网恋、失恋、过早性行为的应对策略<br>情境表演<br>教师带领大家逐一分析讲解 | 50 分钟 | PPT、白纸、彩笔 |
| 花开应有时 | 观看视频《失落的一角遇见大圆满》<br>引导学生思考并说一说如何建立青春期健康的两性关系<br>教师讲解：建立积极向上、健康发展的两性关系的一些原则 | 20 分钟 | 视频 |

## 三、教学过程设计

### 教学环节（一）　什么是爱情

**活动一：聊一聊你喜欢的爱情故事**

目标：唤起学生对爱情的思考，调动学生们的情绪，引起共鸣。

1. 歌曲或图片引入：唤起学生对爱情的思考，请学生写一写自己对爱情的理解。

2. 请学生分享自己对爱情的理解，教师此时先不要去做评判，重点在于鼓励学生说出自己的想法。

3. 小组分享：聊一聊你喜欢的爱情故事，说一说为什么会喜欢这个爱情故事，这个故事有哪些打动人心的地方。

4. 全班分享，把学生喜欢的爱情故事的特点记录下来，为后面讲解爱情的特点做铺垫。

5. 追问：你们对爱情的理解从哪里来？请大家说一说。

（1）原生家庭，父母的爱情。

（2）学校教育。

（3）文学作品。

（4）影视作品、音乐等。

（5）身边人的故事。

继续追问：从这些途径获取的对爱情的理解是全面的吗？（文学作品中的爱情大多经过再创造或者加入想象的成分，有夸张的部分，身边人的故事也会带有偶然性。）

这里重点是引导学生反思自己对爱情的理解有可能存在误区和偏颇。

**活动二：爱情与青春期的爱情**

目标：让学生比较深入地理解斯滕伯格的爱情三元论基本观点，理解爱情的重要构成部分，并能够在此基础上运用爱情三元论分析青春期爱情的特点，从而为后面的行为选择奠定基础。

1. 教师讲解：通过 PPT 呈现斯滕伯格的爱情三元论基本观点。

导入：爱情萌发是青春期重要的心理现象，既能够调动青少年内心的能量，也会造成冲动和狂热，形成对爱情的片面理解。青少年常见的问题是痴迷的单恋、狂热的追求、失恋后的崩溃等。如何正确认识爱情并理性对待爱情呢？斯滕伯格给了我们一个思考的视角。

（1）斯滕伯格认为，爱情有三个心理要素：第一是动机成分，是内发的性驱力，包括异性之间身体、容貌等特征的彼此吸引，称为激情（魅力与性吸引）；第二是情绪成分，由刺激引起的身心激动状态，能促进亲近、交流、理解、期待等情感体验，称为亲密（温暖的感觉）；第三是认知成分，是对情绪和动机的一种控制因素，是爱情中的理智层面，称为承诺（决定发展稳定的关系）。

（2）爱情的三个要素在爱情中所占的比例会随着时间的推移发生变化，变化趋势如图 3-2 所示。

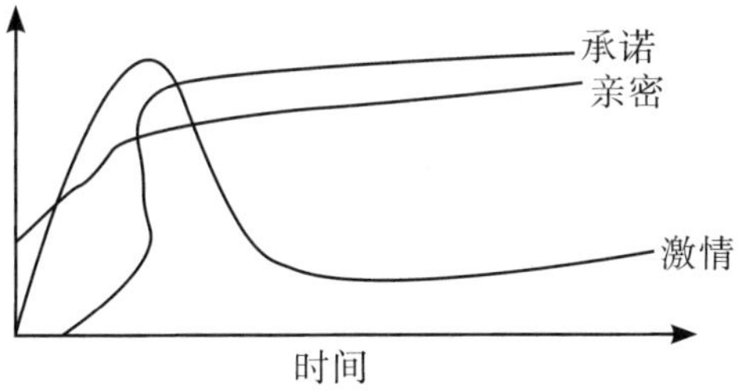


图 3-2　斯滕伯格的爱情三要素随时间变化的趋势图

## ∷ 活动提示：

讲解斯滕伯格的爱情三要素后，教师可以设计一个活动，让学生们讨论：如果把这三个要素作为顶点形成三角形，根据三要素的有或无、长或短，会有多少种三角形？它们的特点分别是什么？

（3）斯滕伯格用三角形形象地揭示了复杂的爱情关系，他把三个要素进行了不同组合，构成了七种爱情形式，其中完美的爱情是三个因素俱全的正三角形，其余的分别为喜欢式爱情、迷恋式爱情、空洞式爱情、浪漫式爱情、伴侣式爱情和愚蠢式爱情。如图 3-3 所示。

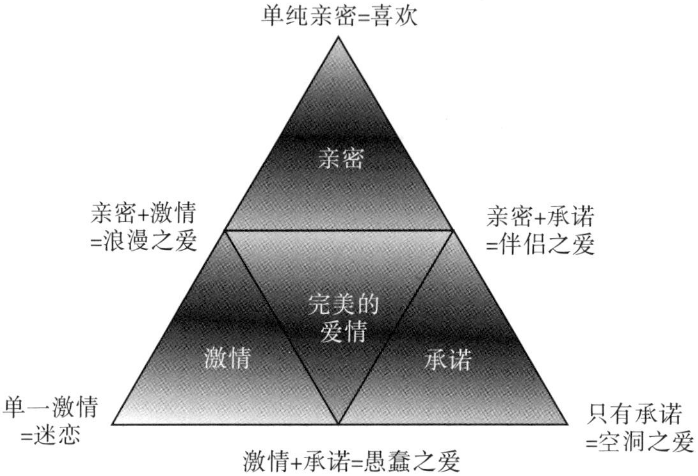


图 3-3 斯滕伯格的爱情三角形示意图

这七种爱情类型属于同一维度的划分，然而现实中的爱情往往更复杂，有现实与理想的差异，自己觉察到的和对方觉察到的差异，以及不同文化背景下可能暗含的维度差异，而这些不同维度的差异也是反思自身爱情关系非常重要的工具。

2. 小组讨论：请用斯滕伯格的爱情三元论分析青春期的爱情特点。

3. 全班分享。

4. 教师讲解（表 3-11），可以引导学生画一画青春期爱情的三角形是什么样的。

表 3-11 青春期爱情的因素分析

| 爱情因素 | 青春期爱情的赋值 | 赋值原因（赋值及原因为本书编者观点） |
|---|---|---|
| 激情 | 7 | 内心开始产生朦胧的感情需要 |
| 亲密（交流） | 4 | 有在亲密关系中有效沟通和解决问题的能力，能应对焦虑、烦躁、疑惑、嫉妒等情绪 |
| 承诺 | 0~1 | 思想成熟，经济独立，有能力承担责任 |

∷ **活动提示：**

教学中，也可以先用空白框图让学生自己赋值（每项总分为 10 分）并给出赋值原因，然后教师再呈现上述观点或自己的看法。

5. 小结：爱情是个体与个体之间强烈的依恋、亲近、向往。人类的爱情具有生理属性（激情）、情感属性（亲密）和社会属性（承诺）三个部分。

生物学的传统观点认为相爱有两个主要驱动力——性吸引力（生理需要）和感情吸引力（依恋），但人是社会中的人，人类的爱情还有重要的社会属性。

∷ **活动提示：**

教师在这里一定要把人类爱情具有社会属性的观点讲清楚，为后面分析早恋打下基础。

## 教学环节（二） 早恋大家谈

目标：通过讲解学龄阶段男女生关系的发展变化，让学生理解爱情在青春期开始萌发的原因，帮助学生厘清早恋的原因以及了解应对的方法。

1. 引入：我国古代的“青梅竹马”“两小无猜”是说男孩和女孩关系非常亲密，大家想一想男生和女生的关系从小时候到青春期发生了怎样的变化？请同学们说一说。

2. 讲解[1]：

（1）小学一至二年级：男女一起玩。

（2）小学三至四年级：男女分开玩，“三八线”开始出现。

[1] 观点参考了日本早稻田大学新保敦子教授的“面向生命和心灵的性教育”讲座内容。

（3）小学五至六年级、初中：女生关心男生，希望男生关注自己。

（4）初中至高中：男生开始对女生感兴趣，喜欢女生。

在这里，我们可以看到女生对异性的关注早于男生，主要是因为女生青春期开始的时间比男生早。男女生对异性的关注和兴趣的动力源是我们身体的性激素，青春期雄性激素和雌性激素开始大量分泌，这种内发的性驱力让我们本能地去喜欢异性。

上面的发展阶段是指一般发展水平，但在不同经济、社会、文化发展水平下，孩子性心理的发育水平是不同的。影响人性心理发育水平的因素主要有两个：一是性发育自然本能的作用，如雌性激素、雄性激素；二是社会意识对人脑的影响，如书刊、电影、网络信息。

3. 小组活动：早恋大家谈。

引入：既然我们说青春期男女之间出现好感与爱慕是正常的情况，为什么我们又把中学生的情感称为早恋呢？大家怎么看待早恋这个问题？请小组进行讨论，并把你们的观点写在白纸上。

4. 全班分享，教师可以根据学生写的观点把核心知识点融入，然后一起分析学生的观点。

5. 核心知识点：

（1）什么是早恋？

所谓早恋，就是过早地恋爱。有的人认为恋爱是人的基本权利，不应设限从什么时候开始，但也有些人认为青少年由于身心发展不够成熟，价值观尚未稳定，不能满足爱情的社会属性要求，这种不确定性会对自身和他人造成伤害，同时也会带来一些社会问题。

青少年之间有朦胧的感情是正常的，早恋只是一种说法，教师不宜给学生贴上这个标签，但是引导学生认识到这个现象并能够正确对待是十分必要的。以下所谈早恋都应持这个观点。

（2）产生早恋的一些原因。

①性发育逐渐成熟，某些情感自然而然产生。

②学习有困难，缺乏自信，一旦有人示爱就受宠若惊。

③父母离异或家庭不和，在家里缺乏关爱，心灵空虚、孤独。

④部分言情类文艺作品、影视作品等的影响。

⑤家庭和学校忽视了性教育。

（3）早恋的影响。

从个人自身的发展来看，弊大于利。青春期是精力最旺盛、记忆力最强的时期，也是长知识、学技术的黄金时代，过早恋爱会分散注意力，严重影响自身的学习及知识储备。

①容易陷入二人世界的狭小圈子，限制了与更多同学的交往，影响人际关系，同时不利于班级团体的和谐。

②早恋的不稳定性会带来很多烦恼，干扰学习。

③恋爱中情绪波动比较大，身心健康容易受影响。

④恋爱使人冲动，控制不好还会导致越轨行为。

⑤恋爱对金钱的需求比较大，而学生没有经济来源，可能导致犯罪。

⑥早恋成功率较低，容易对青少年以后的婚姻生活造成影响。

**活动提示：**

这个部分教师可以结合一些实例进行分析和阐释。

## 教学环节（三） 锦囊妙计——我们一起想办法

目标：帮助青少年正确地认识自身所处的情感状态以及可能出现的风险，增加青少年在情感关系中处理问题的行动能力，比如学会正确判断、合理表达、及时拒绝、预估风险、做出决策等。

1. 小组讨论：将青少年在恋爱问题上可能面临的五大类问题，即暗恋、被告白、网恋、失恋和过早性行为的案例分别发给不同的小组，邀请学生从案例中主人公的角色出发，分析其面临的风险，并讨论出切实可行的个人行动策略。

2. 如果时间允许，可以请各个小组根据自己的案例和解决方案进行小短剧的创作。

3. 教师带领学生对案例进行逐一分析，相应的观点可参考以下提示：

（1）暗恋。

晨光发现自己最近越来越关注班上的女同学露露。露露性格活泼开朗，为人大方热情，并且成绩也不错，经常会帮助晨光解答一些学习上的问题。晨光喜欢和她聊天，感觉和她在一起特别舒服。在她面前他会不经意地表现自己，表达一些自己的想法。如果露露不开心，他也会跟着难过。晨光想，我该是喜欢上露露了吧。

晨光应该怎么办呢？

①接纳自己的情感，但也要学会冷静对待。

②如果需要表达，选择合适的场合与适当的方式，不要让自己与对方陷入尴尬境地。

③对方不同意时要尊重对方的想法，转移自己的注意力和关注点，学会从同学和朋友身上发现不同的闪光点。

（2）被告白。

晨光觉得自己喜欢露露，打算用委婉的方式告诉她。他给露露写了一封信：

露露，你好。从最近跟你的相处来看，我觉得你与别的同学不一样，在你身上我感觉到了阳光般的温暖，和你在一起是那么美好。我很想与你交往，成为比一般同学更好一点的朋友。

露露收到了这封信，她应该怎么办呢？

①若无其事，落落大方，用行动表明态度。

②选择合适的方式明确表达拒绝。

③不要肆意宣扬，可求助知心朋友和家长。

④不要和对方频繁发信息、私下见面等，否则容易引起误解。

（3）网恋。

小A在学校跟同学的人际关系不太融洽，但是在网络上很受欢迎，最近有不熟悉的人在网上对小A展开热烈的追求，让小A体会到了从未感受过的温暖，小A该怎么办？

小A可以这样做：

①适当把控上网聊天的时间，认识到网恋其实是交友的延伸，网络交往中的关系存在虚幻性和风险性。

②网友邀请见面，尽量拒绝。如果要见面，地点应选在公共场所，并和同学、朋友一起赴约。

③交流过程中，网友若提出不合理要求，如性邀请、借款等，要果断拒绝。

班级同学可以这样做：

①积极邀请小A参加班级活动。

②鼓励小A加入相应的课外兴趣小组。

（4）失恋。

小兰是高二学生，和男朋友分手后，睡梦中都在呼唤那个男孩的名字，整天痛苦万分，做事心不在焉，她该怎么办？

①认识到失恋带来负性体验是正常的，且很多人都会经历，时间会消解当时强烈的不良感受。

②可找朋友倾诉，适当发泄失恋后的不良情绪，避免采取情绪化行为，如自残、报复、迁怒他人等。

③清理与对方相关的物品，不要关注对方的社交网络。

④放松心情，如参加户外活动或集体活动等。

⑤转移注意力，如投入学习、运动或其他自己感兴趣的事情中。

（5）过早性行为。

璐璐的第一次性经历发生在18岁，当时没明白是怎么回事，也知道这种尝试是不对的，完全是出于好奇。

然而当时璐璐并没有意识到作为女孩子她必须承担的一个危险的后果——她怀孕了。

璐璐未来的人生会怎么样呢？是什么造成了她这样的经历？在男女交往的时候，我们应该注意什么？

要学会对过早性行为坚决说“不”！

青春期性器官迅速发育，已具备生殖能力，但尚未成熟。过早的性行为可造成生殖器官损伤及感染，影响青少年的成长。

男女生相处时应注意以下原则：避免男女生在私密环境单独相处；避免身体敏感部位接触；男生要控制性冲动，尊重女生；女生要爱护自己，学会拒绝。

**教师应对学生青春期情感的基本原则：**

尊重青少年的情感，不要轻易给青少年是否在谈恋爱等行为定性；保护青少年的隐私，与学生和家长沟通时不要把相关行为问题化；青少年因情感问题出现心理波动时，要为他们提供积极的情感支持；把握场合和时机，开展引导性教育活动。

## 教学环节（四） 花开应有时

目标：帮助青少年更深入地理解自我成长和精神独立是爱情健康美满的基础，学会建立青春期健康的两性关系。

1. 观看视频《失落的一角遇见大圆满》。讨论：从爱情的角度看，这个视频说明了什么道理？你们从中得到了哪些启发？

健康的爱情应该是互相独立的两个人互相鼓励、一起前进。不要寄希望于对方来让自己变得完整，只有变成心智成熟的自己，才能与心智成熟的对方一起迎来幸福的生活。

发展自己，待到自己的心智更加成熟，价值观相对稳定，有了独立生活的能力，再去与另一个成熟的异性开始美好的爱情。发展自己，静待花开。

追问：中学生应该如何建立起积极向上、健康发展的两性关系？下面是需要把握的原则，学生们可以用自己的话语来表达。

（1）自然交往。

在与异性交往的过程中，言语、表情、行为举止、情感流露要自然大方，既不过分夸张也不闪烁其词，既不盲目冲动也不矫揉造作。

（2）适度交往。

异性交往的程度和方式要恰当，应为大多数人所接受。既不过早地萌动情爱，又不过度回避或拒绝异性的正常交往。

（3）真实坦诚。

这是指异性交往的态度问题，要像结交同性朋友那样坦诚。

（4）留有余地。

虽然是结交知心朋友，但在与异性交往中，所言所行要留有余地，不能毫无顾忌。

2. 小结：从前面的学习和讨论中，我们知道了爱需要学习，爱需要能力，不是所有人都自然而然会爱，我们千万不要在春天就去挥霍夏天，与其匆匆步入爱河，不如静静等待成长，让情感的波涛化为理想的浪花。有一句话说得好，“花开应有时”，让我们建立积极向上、健康发展的两性关系，“静待花开”。

## 四、培训活动建议

本单元的培训，要求教师打破以往的观念束缚，理性地认识青少年爱情的特点。经验和研究都告诉我们，青少年对异性产生好奇或好感，是成长过程中正常的需求。在恋爱关系中，青少年所体验到的情感和成人一样，都是真实且具体的，并且会对他们的生活产生巨大的影响。本单元的观点需在日常教育过程中践行，珍视青少年的情感，要意识到简单制止往往适得其反，需要耐心引导和陪伴，帮助他们顺利度过爱情启蒙旅程。

## 五、拓展阅读资料

青春期的情感包括与父母、同性朋友和异性朋友的情感。不能将青春期的情感只局限于异性情感和早恋上，但这是教师需要重点关注的问题。

青春期对异性产生好感是生命的一种正常状态，是情感的自然生发。早恋不是洪水猛兽，这个时期形成的爱情观将对学生成年之后的婚姻家庭产生重大影响，因而对青春期学生情感的教育将会影响他们的一生，错误的干预可能导致严重的后果。

这个时期的学生对爱和安全感有着强烈的渴望，有接近异性的需要和渴望。教师和家长要理解并尊重孩子的情感变化，本着理解学生、尊重学生、真诚交流并为学生保密的原则处理青春期情感问题，适当呵护学生青春期珍贵的情感。要注意“罗密欧与朱丽叶效应”，即当来自父母或教师的阻挠恋爱的力量增强时，恋人之间爱的动力就会增强，甚至会出现极端行为。

教师和家长也要注意这个时期学生的逆反心理和闭锁心理，这是由于青少年思维方式不再单一化，而是向着逆向思维、多元思维和发散思维等方面发展。青少年思维的独立性和批判性等品质有了一定程度的发展，但仍不成熟，所以会有片面性，看问题偏激，固执己见，独立意识增强。所以，需要给学生平等的发言权，耐心倾听，不随意指责或草率评论，并对他们的表达做出积极回应，批评时切莫伤害自尊心，分清场合和措辞，可以适当采取冷处理。

# 第八单元 青春期的情绪

## 一、教学目标

### （一）知识层面

1. 了解情绪的基本类型、产生的原因，以及情绪对人的影响。

（1）情绪是一种主观心理体验。

（2）基本情绪和复合情绪的划分。

（3）积极情绪与消极情绪对人的影响。

（4）情绪 ABC 理论（情绪并不是源于事情本身，而是源于人的想法）。

（5）情绪在社会交往中会互相影响。

2. 理解青春期情绪的特点和原因。

（1）暴风骤雨般的变化。

（2）青少年大脑发育的不同水平。

（3）青春期在埃里克森的心理发展阶段中是自我形成关键时期。

3. 理解社会性别观念对情绪的影响，知道情绪调节能力会影响女生对自我的认知和评价。

4. 知道与情绪做朋友（调节情绪）的方法。

（1）情绪转移。

（2）理智制怒。

（3）心理换位。

（4）合理发泄。

### （二）技能层面

1. 能够根据情绪 ABC 理论觉察并初步调节自己的情绪。

2. 能够从性别刻板印象的角度对自己情绪产生的原因进行分析。

3. 能够运用积极心理暗示法调节情绪。

### （三）态度层面

1. 理解情绪是自身心理健康的一道守护屏障，需要被接纳。

2. 知道情绪是可以改变的，调节情绪的表达方式在情绪管理中更重要。

3. 能够摆脱社会性别偏见带给女孩的负面感受，树立起正确的自我认知和评价。

4. 理解积极的社交情绪环境需要大家从自身做起、共同努力。

## 二、活动概览

课程以小组合作的方式开展，课前请先分好组，6~8 人一组。

表 3-12　教学设计

| 教学环节 | 内容与过程 | 时间 | 所需材料 |
|---|---|---|---|
| 青春期情绪细思量 | 音乐欣赏<br>分享情绪故事<br>画一画：为自己的“情绪特工队”队员画像<br>小组分享<br>教师总结<br>改写“踢猫效应”故事<br>教师讲解 | 40 分钟 | 音乐<br>白纸<br>彩笔<br>PPT |
| 情绪从哪里来 | 图片讨论：情绪从哪里来<br>教师讲解：情绪 ABC 理论 | 20 分钟 | 图片 |
| 情绪背后的社会性别分析 | 情境表演：会说话的情绪<br>小组讨论：男女情绪对对碰<br>小组分享<br>教师总结 | 40 分钟 | 纸条 |
| 与情绪做朋友 | 自主沙龙：小采访<br>小组讨论：快乐智慧大闪光<br>换位行动：心底的温暖<br>合唱《幸福拍手歌》 | 30 分钟 | 音乐 |

## 三、教学过程设计

### 教学环节（一） 青春期情绪细思量

**活动一:“喜怒无常”面面观**

目标：唤起学生的生活经历，使其对青春期情绪的特点有初步的认识，知道原因和表现。

1. 音乐导入：播放歌曲《女孩的心思你别猜》。

听完音乐后，教师引导：进入青春期，也许大家经常会听到家长和老师说我们“喜怒无常”，也有的家长会说姑娘大了，有心事了，似乎我们的心事一方面期待有人能懂，另一方面又不希望人去猜，你们有过这种矛盾心理吗？因此发过脾气或者跟家人、朋友有过冲突吗？

2. 小组成员分享彼此的故事，并讨论原因。

3. 请各小组代表回答。

4. 教师总结要点：

（1）青少年的情绪被称为“暴风骤雨”，具体表现为情绪不稳定、波动性大、自控能力差，情绪表现具有两极化并存的特点（比如，强烈狂暴与温和细腻共存，沉默闭锁与表现夸张并存，固执偏激与脆弱善变并存）。

（2）青少年大脑的不同区域的发育是有时间差异的。大脑中负责情绪产生和处理的区域最先发展起来，所以青少年的情绪体验增多、增强，情绪起伏明显；而负责对情绪或压力进行相应调节的前额叶要到青春期中后期才开始大规模发展，两个区域的连接也是到青春期中后期才开始完善。因而，从生理发育的角度看，青少年的情绪到了青春期中后期才会逐渐稳定。

（3）从心理发展阶段特点来看，青少年正处于自我形成的关键时期，他们对成人感有着强烈的需求，期待外界能以平等的成人地位对待他们，但外界对他们的认知和评价还停留在孩子阶段，这种不对等的状态容易导致青少年与父母、教师产生冲突，从而引发强烈的情绪状态。

### 活动二：画一画自己的“情绪特工队”

目标：了解常见的情绪类型以及不同情绪的特点与表现，帮助学生有意识地感受自己的不同情绪状态。

1. 观看视频：观看《头脑特工队》，认识情绪。

2. 让学生说一说“情绪特工队”里都有哪些队员。

3. 教师介绍：人最基本的情绪有喜、怒、哀、惧（指喜悦、愤怒、悲伤、恐惧）。

4. 请同学们想一想自己头脑中都有哪些“情绪特工”，画出经常跑出来的那位特工的形象，并给它涂上颜色。

5. 小组分享：请大家在小组内讲一讲自己的画为什么会是这样的。小组分享完成后教师找几个学生在全班分享。

6. 教师总结要点：

（1）每个人的头脑中都有这几位“情绪特工”，有时候这些“情绪特工”在神不知鬼不觉的情况下就控制了我们的大脑，与我们的生活息息相关。同时，情绪还会对身体健康产生影响，比如常说的一些俗语——怒伤肝、忧伤肺、恐伤肾、思伤脾、喜伤心等，在中医理论中都有一定的依据。

（2）青春期的我们还会有一些复合情绪，比较常见的有烦躁、孤独、迷茫、等（需要结合现场学生的表达进行讲解）。

（3）情绪没有好坏之分，但有积极和消极之分，两者对于人的心理健康都是有益的。在人类的情绪图谱中，消极情绪最先出现，比如恐惧、悲伤和愤怒，它们是我们应对外界威胁的第一道防线，使我们进入“战斗”准备。研究表明，消极情绪对远古的人类具有非凡的意义，使他们能够觉察危险并进行躲避，因而人类的遗传偏向于消极情绪。积极情绪，比如愉悦、兴奋、温暖、舒适等在进化过程中也有它的目的，当处于积极情绪中时，我们的心智、视野更加开阔，包容性更大，创造力更强，积极情绪让我们更健康、更长寿，而且使我们拥有更好的人际关系。

一个人能从消极情绪中走出来意味着成长的发生，我们应该调动积极情绪克服生活中的各种挑战，从而使生命更加富有力量。因此，当自己情绪比较低落时，要认识到这也是自我成长的契机，即可以有负面情绪，但不能被负面情绪左右，要借此发展自己的韧性。对个体来讲，生活不易，我们能改变的事情是有限的，而如何改变负面情绪的影响将会是我们一生都要面临的课题。后面介绍的情绪 ABC 理论能够帮助我们进行自我调节。

**活动三：改写“踢猫效应”故事**

目标：帮助学生知道情绪与我们的生活息息相关，情绪是自身对事物的感受，是可以改变的。

1. 给学生播放“踢猫效应”的视频故事。

2. 讲解“踢猫效应”。该效应讲述的是一种典型的坏情绪的传染。人的不满情绪和糟糕心情，一般会沿着等级和强弱组成的社会关系链条依次传递。由金字塔尖一直扩散到最底层，最弱小的那一环最容易成为终极受害者。坏的情绪会传染，同样，好的情绪也会带动周围的人。

3. 请学生反写“踢猫效应”故事，写一个“微笑效应”故事。

4. 请学生分享。

5. 教师讲解要点：

（1）情绪具有传染性，好的情绪和坏的情绪都会传染。

（2）情绪是可以改变的（过渡到下一个教学环节），并且情绪状态平稳时的表达更有力量，也更容易让对方听见。

## 教学环节（二） 情绪从哪里来

目标：帮助学生理解情绪 ABC 理论，理解情绪产生的原因，即情绪不是由事情引起的，而是由人的想法引起的，树立情绪是可以改变的理念。

1. 图片讨论：面对同样的天气，不同的人的情绪反应为什么不同？

2. 分享讨论结果。

3. 教师总结，并讲解知识点——情绪产生的原因。

看待问题的角度不同，所产生的情绪也不同，同一事件，有积极的想法就会产生积极情绪，有消极的想法就会产生消极情绪。

例如，你刚开始不太喜欢一个人，认为他跟自己差别很大，谈不到一起去，看到他就烦，因为他总会让你觉得不舒服。后来有个偶然的机会，你俩走近了，成了朋友，你发现自己从他身上学到了很多东西，再看他时，厌烦就变成了开心。

对同样一个人会有不同的情绪产生，主要是因为想法变了，所以，你怎么想就会有怎样的感受，然后就会产生怎样的情绪。你的想法是一副眼镜，它决定了你看到的世界的样子。

这就是著名的情绪 ABC 理论。

情绪 ABC 理论是由美国心理学家埃利斯创建的。如果激发情绪的事件是 A，所引发的情绪和行为后果是 C，人们通常会认为诱发事件 A 直接导致了人的情绪和行为结果 C，即发生了什么事就引起了什么情绪体验。然而，事实上我们会发现实际生活中同样一件事，对不同的人，会引起不同的情绪体验。所以，引起 C 的直接原因并不是 A，而是人内心的某种非理性信念 B（如图 3-4 所示）。

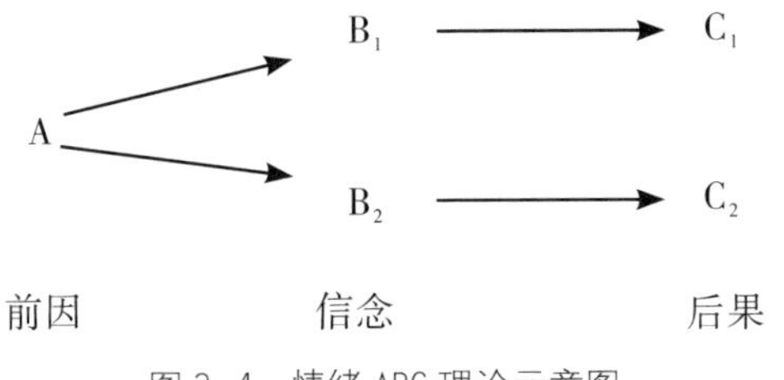


图 3-4 情绪 ABC 理论示意图

## ∶ 活动提示：

这个部分有点不太容易理解，教师可以在黑板上画出情绪 ABC 理论的示意图，用例子让学生充分理解“让我们产生情绪的是对事情的想法，而不是事情本身”，教师可以多举几个例子进行阐释，直至学生能够充分理解。

然后教师引导：既然情绪是由想法产生的，那么要改变情绪，需要改变的是什么？事情或者人本身吗？显然不是，而是我们对事情的想法。

## 教学环节（三） 情绪背后的社会性别分析

### 活动一：会说话的情绪

目标：帮助学生有意识地感受不同情境中的情绪及其表现形式，初步感受性别刻板印象对女性的影响。

1. 教师拿出事先准备好的纸条，请每个小组抽一张，要求学生根据纸条上的场景，设计简短的人物对话，主要是情绪表达，然后各组进行表演。

**场景一：**周末回家吃饭时，奶奶把桌子上的红烧肉悄悄地往哥哥面前挪了挪，小莲站起来去夹，奶奶干脆就直接端到了哥哥面前，说男孩子多吃肉好，女孩子要瘦点。

**场景二：**期末考试红玉考了全班第二名，开心地回家了，然而爸爸却质问她为什么数学只考了 89 分，说她肯定是没努力，随后又摇了摇头嘟囔着说："女孩子就是学不好数学。"

**场景三：**上课时，小雪正在专心听讲，后面的男同学找她借橡皮，当她转过身给他时正好被老师看见，老师批评小雪总爱跟男生套近乎。

**场景四：**娜娜被自己的一个好朋友误解，不仅见面时不打招呼，还不断跟同学说娜娜的坏话，有一次恰好被娜娜听见。

2. 学生表演，教师采访不同情境下学生感受到的情绪。

3. 小组讨论：

（1）主人公在当时会有什么样的情绪？你从哪里感受到了这样的情绪？

（2）她们为什么会有这样的情绪？

（3）怎么办？

4. 全班分享。

5. 教师总结要点：

（1）在不同的情境中，每个人的情绪体验都不一样，用心去感受和体验自己在某种情境中会产生何种情绪叫作自我觉察，这是情绪管理的第一步。如场景一中，奶奶的偏心会让小莲觉得委屈或者愤怒，当她觉察到自己的情绪状态时，接下来就能够去思考情绪为什么产生，因为她认为奶奶应该公平对待自己的孙子孙女，而奶奶却偏心哥哥。小莲可以借助情绪 ABC 理论改变自己的想法，比如奶奶那一代人受传统观念影响很深，奶奶这样做不是因为自己不够好，而是受重男轻女观念的影响，这样自己的情绪的强度就会降低，从而可以更加理性平和地表达自己的不满。

（2）情绪会通过我们的表情和体态语言表现出来，表演会增强我们对情绪的感受，从而更容易换位思考，帮助我们理解别人的情绪。

（3）引起上述场景中不良情绪的部分原因是社会性别偏见和性别刻板印象，这些不公平的对待会影响我们的情绪反应，因此对情绪的影响因素进行分析时要考虑社会性别的因素。

**活动二：男女情绪对对碰**

目标：帮助学生理解情绪表达方式受到社会性别观念的影响，情绪调节能力会影响女生对自我的认知和评价。

1. 教师导入：人们常说“女孩儿是水做的”“男儿有泪不轻弹”，可以看出，社会对不同性别的人的情绪有着不同的期待，而男性和女性似乎在现实中也有不太一样的情绪表达，对此你们怎么看呢？

2. 小组活动：

（1）写一写：男女情绪表现的不同。

（2）说一说：为什么会有这样的差异？

3. 全班分享。

4. 教师总结要点：

（1）性别刻板印象是社会针对某一性别的性格特征、外貌、行为、角色的一些概括化的固定看法或成见。受性别刻板印象的影响，男孩和女孩所接收的如何调节情绪的信息是不同的，比如对女孩表达快乐或悲伤是支持的，而对男孩则要求忍耐和坚强。因此，儿童长大成人之后就相应地形成了不同的情绪表达和调节方式，男性更多的是抑制自己的情绪，而女性更多的则是宣泄自己的情绪。

（2）当女性更多地选择宣泄这种方式表达情绪时，通常被看作是脆弱、感性、依赖的表现，这些又会反过来影响女性的自我认知和评价，会使自我效能感降低，进而强化女孩自信缺乏、胆小依赖和情绪调节不足等问题。因而，我们要看到两性的情绪反应本身并没有很大差异，只是受社会性别的影响，两性在情绪表达上会出现较大的不同，而这种不同则可能会加剧性别刻板印象的影响，对女孩的健康成长产生不良影响。

（3）对于女孩而言，突破由以上社会性别偏见给自己带来的负面感受是很重要的，而行动，如沟通、倾诉、释放、树立目标、榜样学习等，是改变情绪状态重要的途径之一。

## 教学环节（四） 与情绪做朋友

**活动一：小采访**

目标：帮助学生找到最适合自己的方法，学会把消极的情绪状态引导和调节到正常或积极的方面上来。

1. 请学生在小组内相互采访一下，同学们有什么调节情绪的方法。

引导语：我们前面讲了调节情绪很重要，下面我们每个人都来做一名小记者，去采访组内的同学，看看同学们都有什么调节情绪的方法。

2. 请几位学生分享采访结果。

3. 教师总结：快乐的钥匙。

（1）情绪转移法。

可以选择以下方式来转移自己的情绪：看书、看幽默故事、看心仪已久的故事片或连续剧，让自己尽情地放松；做一些让自己开心的事情，或者设定目标去完成它。

（2）理智制怒法。

如果自己生气动怒了，在心里问一问自己：我为什么要动怒？这个人值不值得我和他生气吗？生气对我有什么好处？生气能解决问题吗？可以在即将动怒时对自己下命令：不要生气！一秒、两秒……有时动怒是由于信息不充分或者沟通不畅，事后会发现不值得，所以需要事先调控。

另外，在遇到对方特别无理时，有强烈的情绪也是正常的，但同样需要适可而止，不要激化矛盾。

（3）心理换位法。

将心比心，站到对方的角度上想问题，与他人互换位置、角色。这样，有利于增强彼此的交流和沟通，不良情绪就会减弱或烟消云散。

（4）合理发泄法。

可以找一个知心朋友倾诉，一吐为快，想哭就哭，也可以通过跑步、打球等方式，将体内因不愉快而聚集起来的能量向外界发泄。一旦这种负面情绪得以宣泄，内心便会产生一种如释重负的感觉，心情就会舒畅一些。发泄需要注意不能过度，不能伤害自己或他人，选择合适的场合。

4. 延伸讲解：

（1）教师可以大致讲解和普及呼吸次数的小知识。情绪变化影响呼吸次数，正常人的呼吸是每分钟 16~20 次，悲伤时是大约 9 次，高兴时是大约 17 次，积极动脑时是大约 20 次，愤怒时是大约 40 次，恐惧时是大约 64 次。

（2）人类调节情绪的策略大概分为转移注意、调控认知和抑制表达三种，分别是接纳当下的情绪并将注意力转移，换个角度思考让自己的看法更多元和理性，克制自己的情绪让其不外露。不同的调节策略对自我身心健康和人际关系的影响不同，过分的克制会影响身心健康。对于个体而言，情绪就像是顽皮的孩子，你越是想要控制它，它就越不受控制，所以要陪伴你的情绪，健康地表达它，而不是一味地压制它。

备用活动：我说烦恼，你支高招。这个活动可以针对学生的常见烦恼展开，内容可以涉及学习、交友、与父母的关系、时间管理等方方面面。

**活动二：快乐智慧大闪光**

目标：了解积极暗示的作用，学习积极暗示法，让学生更清楚地知道人是可以选择自己的思考方式和情绪的。

1. 写一写：

（1）冲动、愤怒时这样提醒自己：________________________________。

（2）紧张、恐惧时这样告诉自己：________________________________。

（3）孤独、痛苦时这样激励自己：________________________________。

（4）忧郁、迷茫时这样调整自己：________________________________。

2. 小组分享并做小组智慧大集合。

3. 全班分享。

4. 教师总结：世界上没有比快乐更能使人美丽的化妆品，要快乐生活每一天！

**活动三：换位行动——心底的温暖**

目标：社会交往中彼此的情绪是会互相影响的，引导学生从自身做起，创建积极的社交情绪环境。

1. 教师引导：你希望别人怎样对待自己呢？请用三个词语来概括。

2. 请学生书写，匿名上交。

3. 进行词语的数量统计，票数最高的两个词语就是以后班里确定的对待他人的原则。

4. 教师总结：从今天开始，请用希望让别人对待自己的方式来对待他人！

5. 课堂结尾活动，合唱歌曲《幸福拍手歌》，再一次感受积极情绪带来的影响。

## 四、培训活动建议

教师切记不要向学生传递压制情绪的做法，比如“忍一忍就过去了”，同时，让学生能够理解做任何事情都需要适度，情绪的表达也不例外。另外，教师在本单元中能否将社会性别的分析视角引入也很关键。

## 五、拓展阅读资料

情绪是一种伴随着生理唤醒的主观心理体验，它常和心情、性格、脾气、目的等因素互相作用，也受到激素和神经递质的影响。人的情绪有天生的成分也有后天控制的成分，可以被分类为与生俱来的基本情绪（比如喜悦、愤怒、悲伤、恐惧）和后天学习到的复杂情绪（比如焦虑、紧张、嫉妒、惭愧、羞耻、自豪等）。因此，每个人所拥有的复杂情绪数量和对情绪的定义都不一样。

在情绪调控理论中比较著名的是美国心理学家埃利斯创立的情绪 ABC 理论。埃利斯认为，任何人都不可避免地具有或多或少的不合理思维与信念，情绪是伴随人们的思维而产生的，情绪上或心理上的困扰是由不合理的、不合逻辑的思维造成的。因而，情绪 ABC 理论认为，人的情绪 C 不是由某一诱发性事件的本身 A 所引起的，而是由经历了这一事件的人对这一事件的解释和评价 B 所引起的。要想改变 C，需要做的是找到这些想法和看法背后的信念（人们对一类事物的共同看法），并改变它，使其合理化。合理的信念会引起人们对事物适当、适度的情绪和行为反应；不合理的信念则相反，往往会导致不适当的情绪和行为反应。若坚持某些不合理的信念，长期处于不良的情绪状态之中，最终将导致情绪障碍的产生。

人对情绪的识别和管理能力被称为情商，人与人之间的情商并无明显的先天差别，更多与后天的培养息息相关。自美国人丹尼尔·戈尔曼开始，全球范围内对情商的研究与讨论逐渐深入。戈尔曼认为情商包含五个主要方面：了解自我情绪的变化、调控自己的情绪、自我激励、识别他人的情绪、用调控自己与他人的情绪反应的技巧来处理人际关系。中国台湾学者李中莹的观点更为简明，认为情商包含两个方面：清楚认识和正确运用情绪去帮助自己；了解和分享别人的看法和感受以推动人际关系。

情绪的管理不是要去除或压制情绪，而是在觉察情绪后，调整情绪的表达方式。在这个过程中，利用一定的策略和机制，使情绪在生理活动、主观体验、表情行为等方面发生一定的变化。情绪管理的基本程序可以拆分为五个步骤：体察自己的情绪，接纳并适当表达自己的情绪，找到产生情绪的想法或者信念，与不合理想法或信念辩驳，以适宜的方式疏解情绪。

西南大学李红教授团队的研究表明，社会性别特质与抑郁易感性存在显著相关。典型男性化特质（如独立、果断等）与抑郁存在显著的负相关关系，表现出稳定的保护效应。无论生理性别和年龄，双性化性别角色个体因为更少受到传统性别刻板印象的影响，能够在不同场景下灵活地调整情绪应对策略，易感抑郁的风险最低。因而，一味强调传统和典型的性别角色规范（如男性应该坚强，而不被鼓励温柔；女性应该善解人意，而不被鼓励独立、勇敢）可能是激化抑郁的重要风险因素。随着医疗、教育和人均收入水平的提高，个体的双性化优势正在逐渐增强。

# 第九单元　认识性骚扰与性侵害

## 一、教学目标

### （一）知识层面

1. 知道什么是性骚扰与性侵害，学会辨识性方面的风险。

（1）性骚扰的三个判断标准。

（2）性骚扰的五种主要形式。

（3）性骚扰与性侵害的异同。

（4）性侵害的危害。

2. 知道容易发生性骚扰和性侵害的时间和场景。

3. 了解应对性骚扰和性侵害的方法。

4. 了解性侵害产生的社会原因及法律治理的困境。

### （二）技能层面

1. 辨识性方面风险的能力得到提升。

2. 掌握正确应对性骚扰和性侵害的基本技能。

3. 应对极端性侵害风险的能力得到发展。

### （三）态度层面

1. 了解生活中遇到性骚扰与性侵害的风险，树立正确的自我保护和防范意识。

2. 面对性骚扰和性侵害要敢于说“不”，同时要珍爱自己，树立生命至上的意识。

## 二、活动概览

课程以小组合作的方式开展，课前请先分好组，6~8 人一组。

表 3-13 教学设计

<table>
<tr><th>教学环节</th><th>内容与过程</th><th>时间</th><th>所需材料</th></tr>
<tr><td>认识性骚扰和性侵害</td><td>小组活动：什么是性骚扰？<br>讲解：性骚扰的含义、类型与判断标准<br>小组活动：身体红绿灯<br>讲解：性骚扰的类型及情境判断<br>讲解：性侵害与性骚扰的差异以及性侵害的危害</td><td>30 分钟</td><td rowspan="2">白纸<br>彩笔<br>PPT</td></tr>
<tr><td>性骚扰与性侵害的防范</td><td>小组活动：分别对六个案例进行分析，讨论性骚扰与性侵害的防范措施<br>全班分享</td><td>40 分钟</td></tr>
</table>

续表

| 教学环节 | 内容与过程 | 时间 | 所需材料 |
| --- | --- | --- | --- |
| 极端性侵害的应对 | 讨论：遇到极端的性侵害（强奸）时，清白和生命哪个更重要？<br>讲解：遭遇极端性侵害应该怎么做<br>对性侵害问题进行问题树分析<br>讨论：性侵害问题的法律治理困境在哪里 | 30 分钟 | |

## 三、教学过程设计

### 教学环节（一） 认识性骚扰和性侵害

**活动一：什么是性骚扰？**

目标：调动学生的生活经验，帮助学生了解什么是性骚扰与性侵害，厘清性骚扰的一般性判断标准。

1. 引出性骚扰与性侵害的话题，讲解这个话题的现实紧迫性。

2020 年 10 月 11 日，是第 9 个国际女童日，主题为“我的声音，我们平等的未来”（My voice，our equal future）。

多年来，国际机构和民间社会组织一直在采取有效行动和措施保护女童免受暴力侵害和支持受害女童，包括制订培训方案、预防和干预、社会心理支持、法律援助等。

令人揪心的是，仍有不少女童受到暴力尤其是性暴力（包括性骚扰、性侵害、性凌虐、强奸、猥亵等）的严重侵害，生活在对性暴力的恐惧及一系列负面影响中。

媒体曝光的案例数据[1]：

[1]“女童保护”2019 年性侵儿童案例统计及儿童防性侵教育调查报告［EB/OL］.（2020-05-18）［2022-01-05］. https：//gongyi.ifeng.com/c/7wZgi3VBofl.

（1）2019年曝光性侵儿童案例301起，受害儿童逾800人。

（2）熟人作案超七成，家庭成员性侵问题复杂。

（3）性侵者多次作案比例过半，持续作案最长达22年。

（4）遭遇性侵人数中女童近九成，小学和初中学龄段儿童受侵害比例高。

（5）施害人呈现高龄化趋势，最大年龄94岁；未成年人犯罪须警惕。

（6）网络性侵形势严峻。

（7）校园等儿童活动场所是性侵儿童案件高发场地。

2. 小组交流并汇报如下问题：

（1）听到过的性骚扰案例。

（2）曾经遇到过的令你不愉快的情境。

（3）从这些案例来看，你认为什么是性骚扰？列出几条判断标准。

3. 教师讲解核心要点：

（1）什么是性骚扰？ 性骚扰是指一方对另一方说出或做出令人反感的或令人不安的、跟性有关的语言或动作。

（2）性骚扰的判断标准：一是与性有关；二是未经同意；三是这种行为让人感到十分难受，有被侮辱的感觉。

**活动二：身体红绿灯**

目标：让学生知道性骚扰就在身边，唤起学生的自我保护和防范意识，学会辨识性方面的风险，知道都有哪些形式的性骚扰。

1. 小组活动：每组画出男人、女人的身体轮廓，用红色标出不能被别人随意碰触的敏感部位，用绿色标出可以与别人正常接触的部位。

2. 全班交流，请学生讲一讲为什么这样画。

3. 教师讲解要点：

（1）红色通常指身体上与性有关的部位。

（2）每个人对身体的感觉不同。

（3）不同学生画出的红色、绿色部位会有差别。

（4）与性侵犯不同，性骚扰是一种边缘性的性举动，它有可能出现在日常生活的任何场合。

4. 教师讲解性骚扰的类型：

（1）身体接触骚扰。

一般发生在公共场所，如公共汽车、地铁等，侵犯对方隐私部位。例如，在公共汽车上故意紧贴着他人的身体；在街道上故意接近他人，产生身体上的接触或碰撞等行为。

（2）言语骚扰。

谈论有关性的话题，对别人的衣着和身材给予有关性方面的评语，故意讲色情笑话、故事等，如“你今天穿得很性感啊”“你真丰满啊”等。

（3）短信、微信、电子邮件骚扰。

经常发送与性有关的短信、微信或电子邮件，如转发或写一些色情笑话。

（4）自我暴露骚扰。

在公共场所，如自习室、集体宿舍等，公然暴露性器官，或在比较僻静的地点，做出下流动作。

（5）性索贿或性要挟。

以性服务为条件来换取一些利益或者以威胁的手段强迫进行性行为。常发生在有权力差异的异性之间，如男上司以职位的升迁暗示女下属进行性服务等。

很多性骚扰的作案人是朝夕相处的熟人，并且这些行为本身比较隐晦难以定义，所以很多女性在遇到的时候选择忍气吞声，默默承受。这也在一定程度上纵容了性骚扰者的下一步动作。

5. 抢答：这是性骚扰吗？

（1）我在车站等车，几个男生走过来，站在我身边，大声地讲黄色笑话。我很烦。（是，与性有关，我感到不舒服）

（2）一个女生说：“有个男生叫我哥们，还喜欢把手搭在我肩上，我也把

他当作朋友。”（不是）

（3）同班的女同学总爱把我脖子后面的吊带结拉开，然后开心大笑，开始我不在意，但现在我很不喜欢这种玩笑。（是，我感到不舒服）

（4）昨天有个男生写信给我，说我很活泼可爱，说他喜欢我。（不是）

（5）公交车上，一名陌生的中年男子一直盯着我看，还时不时地靠近我，真讨厌。（是，我感到不舒服）

（6）爸爸的同事李叔叔经常捏捏我的脸，摸摸我的头发，夸我越长越漂亮了，可我觉得很不舒服。（是，与性有关，我感到不舒服）

（7）一个男生说：“同寝室的男同学喜欢和我挤在一起睡，还经常碰我的敏感部位，我不想让他过来。”（是，与性有关，我不同意）

（8）我的同班同学总是在QQ上给我发来很露骨的图片，真难受。（是，与性有关，我感到不舒服）

（9）公交车上，有人利用车子的摇晃在我身后蹭来蹭去，让我十分恼火！我回头一看是个帅哥，可能是我太敏感了，这么帅怎么会骚扰人呢。（是，与性有关，我感到不舒服）

（10）今天早上小红又迟到了，男班主任很无奈地盯着她看了半天。（不是）

教师要对照性骚扰的三个判断标准，向学生讲清楚什么是性骚扰，需要强调的是以当事人的自我感觉为准。

6. 进一步抢答：这些关于性骚扰的说法对吗？

（1）一个男孩说他被性骚扰了，哈哈，男生也会被性骚扰？可能吗？（错，性骚扰与性别无关，男女均可成为骚扰者和被骚扰者）

（2）熟悉的人就是安全的人，性骚扰只发生在陌生人之间。（错，性骚扰大多发生在熟悉的人之间）

（3）某些女孩被性骚扰的原因是穿着太暴露。（错，性骚扰跟穿着没关系，是骚扰者的问题）

**活动三：认识性侵害**

目标：让学生了解性侵害与性骚扰的关系和区别，知道性侵害尤其是性侵害儿童的危害。

1. 说一说性骚扰与性侵害的关系和区别。

2. 核心知识点：

从广义的角度看，性骚扰除了一般的语言骚扰、性挑逗和性胁迫等行为，也包含极端的性侵害行为。

性骚扰：只是用下流动作、言语对他人进行对方不接受的挑逗，从而达到自身性满足的目的。

性侵害：是实质性的侵犯，即发生性活动。

儿童性侵害是指加害者以权威、暴力、金钱或甜言蜜语，引诱、胁迫 18 岁以下的儿童及少年，与其发生性行为。

3. 讲解性侵害的危害。

研究表明，遭受过性侵害的孩子在相当长的时间里，会不同程度地表现出一系列心理症状，比如恐惧、焦虑、抑郁、暴食或厌食、不喜欢自己的身体、对身体有异样感、低自尊、行为退缩、攻击性行为、注意力不集中、自杀或企图自杀。如果没有得到足够的帮助，成年后多会在人际关系方面遇到困难，难以与异性建立亲密关系，有人还会多次受害。由此可见，性侵害对儿童身心健康有长期的负面影响。

## 教学环节（二） 性骚扰与性侵害的防范

目标：培养学生正确的防范意识和自我保护意识，知道什么时间和哪些场所最容易遭受性骚扰和性侵害，掌握应对性骚扰和性侵害的基本技能。

1. 小组讨论：将青少年有可能遇到的性骚扰的 6 个典型案例分别发给不同的小组，邀请学生从案例中主人公的角色出发，分析其所面临的性骚扰和性侵害风险，并制订出切实可行的个人行动策略，以应对接下来可能发生的性骚扰和性侵害。

**案例一：**14岁的小文是个漂亮活泼的女孩，老师和同学都非常喜欢她。班里新来了一位男老师，人长得高大帅气，他经常在班上提问小文，每当小文答对了，他就当着全班同学的面夸奖小文聪明。小文虽然有点得意，但也发现他似乎很喜欢盯着自己看。一天晚上放学后，男老师叫小文留下来，到他的宿舍去改一下数学作业。

小文有些犹豫，不知道该不该去。

**案例二：**小月在家乡念书，父母常年在外地打工。今年放暑假，小月到外地与父母团聚。由于父母忙于工作，缺乏关爱的小月经常上网与人聊天。一名昵称为“海阔天空”的男子在社交软件上加了小月为好友。男子自称姓黄，现在在做生意。因为聊得来，两人一直在网上保持联系。

一天，黄某约小月出来见面。小月出于好奇答应了黄某。晚上10点左右，黄某带着小月及其两个同学到市中心玩。后来，两个同学先行离开，小月与黄某去吃了夜宵。随后，黄某将小月带至某宾馆，说要开一个房间。

小月该怎么办？

**案例三：**小静喜欢到村庄的河里去游泳，到了晚上，很多大人也会去，其中就有小静的姨夫。姨夫说要教小静游泳，小静高兴地答应了。姨夫水性好，在水下面用手揽着小静，并若无其事地不时触碰她的胸部，小静不知道怎么回事，但是觉得很不对劲，很不舒服。后来，小静只要一看到姨夫下水，就立马跑到岸上坐着，不敢下去了。

小静该怎么办？

**案例四：**小丽放学后，挤上拥挤的公交车，慢慢地，她感觉自己的臀部被人蹭来蹭去，她回头一看，发现后面是个中年男子，眼睛望着窗外。小丽回头时那个中年男子就把身体弓起来，保持一定距离，等小丽不注意，他又把身体挨了过来。

小丽该怎么办？

**案例五：**12 岁的小田是一个农村的女孩子，爸爸妈妈都出去打工了，常年不在家，家里只有小田和妹妹两个人住。小田家的隔壁住着一个单身的大爷，这个大爷爱喝酒，喝完酒有时候会到小田家里来串门。

最近小田和妹妹都觉得大爷的行为有点奇怪，不是摸她们的头发，就是拍她们的肩膀。某天晚上，大爷给姐妹俩拿来了一个小蛋糕，让她们去自己家看电影。

小田和妹妹该怎么办？

**案例六：**14 岁的小红和小方晚上结伴走在回家的路上，突然从后面来了一队引擎轰鸣的摩托车，车上的几个男青年看到她们后很大声地起哄，然后故意放慢车速对她们说："美女，走，跟我们去耍。"

小红和小方该怎么办？

在支招的基础上，小组内进行讨论：

（1）生活中有哪些性骚扰和性侵害的风险？可以按照如下思路进行讨论：学校里、学校外，家里、村里，熟悉的地方、不熟悉的地方，等等。

（2）怎么做才能远离这些风险？

2. 各组汇报讨论结果，教师总结。如果时间允许，可以请各个小组根据自己的案例和解决方案进行小短剧的创作并表演出来。

**核心知识点：**

（1）如何预防性骚扰（时间、地点、同伴、食物、态度）：

①不要过晚或单独赴约，尽量白天赴约或者请人陪同。

②不要单独走僻静的道路，女生独行时，尤其要提高警惕，注意观察。

③不要与异性单独共处一室，避免与异性单独出游，拒绝陌生人进屋。

④不要随便和陌生人搭话，如有人尾随或纠缠，尽快向人多的地方靠近，必要时可大声呼救。

⑤不要在公众场合过度专注于手机视频或游戏等。

⑥不可随便接受陌生人给的饮料或食品，谨防有麻醉药物。

⑦不要与不太熟悉的异性倾诉自己的各种情绪。

⑧不要对性骚扰行为的实施者做任何符合其意图的回应，比如说答应试探性的邀约，回复不断发送的求爱信息等。

（2）遭遇性骚扰时，可以这样做：

①用身体反应直接抗拒。当有人触碰到你的身体部位，令你不舒服的时候，用身体行为直接抗拒来终止对方这一行为。

②第一时间选择回避。身体反抗直接中断对方的行为后，一定要在第一时间回避，迅速脱离对方的可控范围，不给对方可乘之机。

③勇于反抗让对方有所畏惧。没办法立即离开时可以直接用言语反抗，如果言语反抗不起作用，可以用攻击的行为让对方有所畏惧。一旦对方感受到身体的疼痛，你就有机会趁机逃离。

④留下证据给予对方警告。为避免下一次与对方相处的时候再受骚扰，要留下证据并警告对方。比如可以在记事本上记下事情的具体发生时间和过程，或留下录像和录音，事后告知对方自己手中有完整的证据，给骚扰者一定程度的震慑。

⑤诉说并寻求相关部门的帮助。诉说不仅可以释放压力与不良情绪，还可以成为日后诉讼的佐证。如遭遇职场性骚扰时可以找人力资源部门或加害人上司进行投诉，也可直接向妇联等社会维权机构投诉，或直接向公安机关报案，最后向法院起诉。

在这里，教师一定要告诉女孩子：面对绝大多数的性骚扰，要坚决严肃地说“不”！女孩要学会勇敢地说“不”，这样才能把自己保护得更好！

（3）拓展知识：被性骚扰要收集哪些证据？

目前性骚扰案件最大的难题就是举证困难及难以具体界定性骚扰行为。所以在遇到性骚扰时，受害者应尽可能保留更多完整的证据，如：

①录音、录像、照片、监控视频等可以证明加害人骚扰事实成立的关键证据。

②加害人发送的邮件、微信、短信等含有性暗示、淫秽图片的内容。

③加害人承认自己性骚扰事实的道歉书等相关证据。

④旁观者证人证言。

⑤受害者应在受害后第一时间去医院检查，或接受相关心理医疗咨询、治疗，保留诊断记录，这对日后起诉来说至关重要。

## 教学环节（三） 极端性侵害的应对

目标：帮助学生了解什么是极端性侵害（强奸），了解性暴力产生的社会原因和法律困境，知道如果遭遇极端性侵害应该怎么做，树立生命至上的理念和意识。

1. 讲解：极端性侵害的含义。

强奸，指的是在对方不同意或没有清醒意识的情况下(一般是利用暴力或武力手段强迫或威胁)，与对方发生性交行为。

通常意义上，狭义的强奸指的是男子在未获许可的情况下强行同女子发生性行为。从社会广义认识上讲，凡是一方强迫另一方与之发生性关系的行为，都属于强奸。

2. 小组讨论：遇到极端的性侵害时，清白和生命哪个更重要？让学生充分讨论，并说出原因。

生命更重要！一旦遭遇极端性侵害应该这样做：

①不要拼死反抗，保全生命是第一位的，生命最重要。

②尽量记住施暴者的体貌特征，如身上某处的伤疤或痣。

③尽量保存证据，如内裤上的精液或者施暴者的头发等，以便后期的案件侦查。

④事后一定要告诉父母、老师等值得信赖的人，寻求正当途径的帮助。

⑤可以哄骗、顺从施暴者，以保证自身生命安全。

⑥不要责怪自己，这不是你的错。

⑦学习、了解相关法律，如《中华人民共和国未成年人保护法》及《中华人民共和国刑法》的相关内容，知道保护未成年人不受伤害是家庭、学校和社会的责任。

3. 问题树分析：

①为什么留守女童被性侵的风险更大？

②为什么流动社区是性侵风险比较大的场所？

③为什么一些人遭受了性侵害却选择沉默不发声？

④为什么宾馆服务员 / 秘书 / 家政人员等容易遭受性侵？

4. 女童性侵案的法律困境分析[1]：

女童性侵害案件在办理时存在五大司法困境：取证难、保护难、救济难、赔偿难、定性难。

其中，取证难的原因有四方面：一是性犯罪案件具有隐蔽性的特点，大多数发生在只有加害人与被害人在场的情况下，一般没有目击证人；二是被害女童年龄小，不懂保全证据，有的女童被侵害后及时洗清了加害人留在其身体、衣物上的精液等证据，有的报案不及时，证据早已遗失；三是被害女童的认知和表达能力欠缺，陈述要么过于幼稚、叙述不清，要么表述过分成人化，易受质疑，证明力较低；四是不少被害人及其家属由于顾虑名誉、二次伤害、加害人胁迫利诱等种种原因抵触调查，不愿配合取证，或者推翻原有陈述。

保护难则体现在两个方面。一方面，在刑事诉讼过程中，即侦查取证、批捕起诉和法庭庭审等环节，对女童隐私权的保护措施相对欠缺，尤其是针对性侵害案件的被害女童。目前在刑事诉讼实践中，驾驶警车前往被害人的住所、学校取证的情况非常普遍，无形中使被害人的隐私被公布于众，使其处境更为艰难。另一方面，对被害女童的反复询问，给其造成二次伤害。这种二次伤害

[1] 邓新建. 办理女童性侵害案存五大司法困境［EB/OL］.（2012-04-26）［2002-01-05］. https：//view.news.qq.com/a/20120528/000011.htm.

在某种程度上有可能比第一次更为严重。

5. 总结本主题传递的理念：学会识别危险，学会自我保护，敢于说“不”，生命至上！

## 四、培训活动建议

1. 本主题单元的教学，要求教师能够树立起性骚扰就在我们身边的意识，并将这种意识传递给学生。重点讲清楚现在如何防范，可以延伸至未来如何防范，因为这是女性一生都可能遇到的问题。

2. 教师要清楚地了解，性骚扰通常发生在权力关系不对等的情况下，要帮助女孩树立防范和应对性骚扰的意识，让她们能够在未来生活中注意加强自我保护。

## 五、拓展阅读资料

1995 年，《妇女研究论丛》的一篇文章《性骚扰在中国的存在——169 名女性的个例研究》呈现了对北京、上海等地的 169 名女性和 40 名男性的调查结果，84.02% 的女性曾不同形式地遭受过性骚扰，63.31% 遭遇过 2 次以上，89.94% 的女性知道身边有别的女性遭遇过性骚扰，约 47.93% 遭遇过男同事、男领导以性事为内容的玩笑、谈论和辱骂，70.48% 在公共场合遭遇过陌生异性的抚摸、搂抱或以性器官触碰。[1]问题的提出使得一时舆论哗然，性骚扰问题在中国首次被大众讨论和关注。2001 年 6 月，首例性骚扰诉讼被报道。随后，多省拟定地方性法规，界定性骚扰的形式。

库珀六级性骚扰分级模型把性骚扰分为六个层级，按严重程度从低级到高级，分别是夸赞美丽、积极的“精神抚摸”、社交触碰、前戏骚扰、性侵害、终

[1] 唐灿. 性骚扰在中国的存在：169 名女性的个例研究 [J]. 妇女研究论丛，1995（2）：31-34.

极威胁。夸赞美丽，是指针对受害者外貌、身材、性特征的一些夸赞，包括一些不怀好意的口头语言、表情。积极的“精神抚摸”，这个级别的性骚扰，眼神和话语更放肆。社交触碰，会发生身体接触，但骚扰者会有意控制接触行为的分寸，使之看上去在合理的社交范畴内。前戏骚扰，身体触碰行为开始明显越界了，比如手放在腰上的时候越来越靠下。性侵害，包括性意味强烈的触碰，比如捏、抓、摸特定的性征部位。终极威胁，施害者威胁对方如果不从则会暴力相向，前面几级还在违法或者涉嫌违法的范畴，这一级则是明确的犯罪级别。[1]

对于部分女性受害人而言，性骚扰过后，并不代表事件结束，反而可能是后续伤害的开始。性骚扰事件可能对受害人造成多种伤害，内在症状包括：情绪上，感到无助、焦虑、困窘不安、无法专心等；生理上，身体变差、常做噩梦、滥用药物等；认知上，产生负面的自我概念、羞耻感、罪恶感等。外显症状则包括：人际关系上，对他人感到不信任，外观及衣着服饰改变，对性产生负面的态度等；工作、学业上，可能出现改变工作、学业习惯，无故旷工、逃课等行为。

# 第十单元 认识校园欺凌

## 一、教学目标

### （一）知识层面

1. 理解校园欺凌的含义及表现形式，学会辨识校园欺凌的基本类型。

（1）校园欺凌的含义及特点。

（2）校园欺凌的四种主要表现形式。

[1] COOPER K. Is "that" sexual harassment？ How to tell，using "Cooper's 6 levels"[EB/OL]．（2018-02-10）[2022-01-05]. https：//www.entrepreneur.com/article/307220.

（3）校园欺凌与校园暴力的异同。

（4）校园暴力行为人应负的法律责任。

2. 深入理解校园欺凌中不同角色的特征和作用。

（1）施暴者。

（2）受害者。

（3）旁观者。

（4）社会规则（道德与法律）。

（5）重要教育者（父母、教师）。

3. 理解校园欺凌中男女生的不同表现及原因。

4. 预防和应对校园欺凌的实用方法。

**（二）技能层面**

1. 辨识校园欺凌风险的能力得到提升。

2. 有过被欺凌经历的学生能重新认识自己的经历，心理压力得到疏解并减少心理阴影。

3. 能够在模拟的情境中选择合适的方式应对校园欺凌。

**（三）态度层面**

1. 能够意识到任何人都有可能被欺凌，遭遇欺凌时不能简单归因于自身缺点。

2. 面对校园欺凌，要能够建立强大的精神力，捍卫自己、表达自己。

3. 能够用同理心去了解他人的感受，不做旁观者，学着以尊重、平等、友好的原则建立校园人际关系。

## 二、活动概览

课程以小组合作的方式开展，课前请先分好组，6~8 人一组。

表 3-14 教学设计

| 教学环节 | 内容与过程 | 时间 | 所需材料 |
|---|---|---|---|
| 什么是校园欺凌 | 观看视频<br>教师讲解：校园欺凌的含义、特点和形式<br>快速抢答：这是校园欺凌吗<br>小组交流：我曾见过的校园欺凌 | 20 分钟 | 白纸<br>彩笔<br>PPT |
| 小玉的故事大家谈 | 角色扮演：小玉的故事<br>小组讨论：小玉的故事大家谈<br>全班分享<br>教师讲解：校园欺凌中各种角色的分析<br>分性别讨论：校园欺凌的性别视角<br>教师讲解：校园暴力行为人应负的法律责任 | 40 分钟 | |
| 校园欺凌防范技能大比拼 | 小组讨论：校园欺凌防范技能大比拼<br>教师讲解：校园欺凌防范十招<br>演一演：看我怎么办，或者小玉故事的第二幕 | 30 分钟 | 白纸<br>彩笔<br>PPT |
| 对校园欺凌说“不” | 分小组设计海报——对校园欺凌说“不”<br>布置课后宣讲活动 | 20 分钟 | |

## 三、教学过程设计

### 教学环节（一） 什么是校园欺凌

目标：帮助学生了解校园欺凌的含义及表现形式，调动学生原有的生活经验，学会辨识校园欺凌的基本种类。

1. 教师播放一段校园欺凌的视频（尽量选择贴近学生日常经历的、常见的情况），然后让学生说说怎么理解校园欺凌。

2. 教师讲解校园欺凌的含义、特点和形式。

3. 核心知识点：

（1）校园欺凌的含义。

2017 年 11 月，教育部、中央综治办、最高人民法院等十一部门联合印发

《加强中小学生欺凌综合治理方案》，将校园欺凌明确定义为“中小学生欺凌是发生在校园（包括中小学校和中等职业学校）内外、学生之间，一方（个体或群体）单次或多次蓄意或恶意通过肢体、语言及网络等手段实施欺负、侮辱，造成另一方（个体或群体）身体伤害、财产损失或精神损害等的事件”。

该定义强调了校园欺凌涉及校园内外，并且会造成身体、财产及精神的伤害。同时该定义也突出了校园欺凌的蓄意性及网络欺凌行为。

校园欺凌与校园暴力的概念不同[1]，但两者也不能够完全区分开来。一般情况下校园暴力多是以赤裸裸的“硬暴力”为主，主要是偶发性的单独侵害行为，比较容易被发现；校园欺凌大多是长期的、反复的行为，往往带有隐秘性，对受害人心理的影响很大，甚至会持续到几十年之后。典型的校园欺凌现象多发生在幼儿园和中小学。

（2）校园欺凌的特点。

向学生提问：校园欺凌是打架吗？

欺凌不同于打架，打架多半是势均力敌，欺凌是强对弱的不公平对待，很可能是一群人对一个人的霸凌。[2]

校园欺凌现象的特点：故意性，不是无意的、不小心的；特定性，挑软弱对象下手，不是随机的；主动性，欺凌者先动手；欺软怕硬，依靠自己绝对的“优势”实施暴力；不计后果，有些行为是嚣张狂妄的。

（3）校园欺凌的形式。

校园欺凌有多种表现形式，主要包括言语欺凌、身体欺凌、社交欺凌以及网络欺凌。从受伤害的结果来看，校园欺凌行为[3]可以是人身财产伤害（殴打、

---

[1] 任海涛．“校园欺凌”的概念界定及其法律责任［J］．华东师范大学学报（教育科学版），2017（2）：43-50，118.

[2] 王俊．专家谈校园欺凌：被欺凌者若缺乏及时疏导 易转为欺凌者［EB/OL］．（2020-05-30）［2022-01-05］．https：//news.sina.com.cn/c/2020-05-30-doc-iirczymk4401912.shtml.

[3] 任海涛．“校园欺凌”的概念界定及其法律责任［J］．华东师范大学学报（教育科学版），2017（2）：43-50，118.

霸占财物等），也可以是精神伤害（谩骂、嘲笑、取绰号或者进行孤立），还可以是性侵害（如取笑其性别、性取向等）。这些行为可以当面进行，也可以通过电子信息手段（如通过电子邮件、微信、网站等散布图像或者侮辱语言等）来进行。

表 3-15　校园欺凌的主要形式

| 形式 | 表现 |
|---|---|
| 言语欺凌 | 教师对学生、学生之间、家长对学生使用讽刺、挖苦、谩骂、诋毁、藐视、嘲笑等侮辱、歧视性的语言，包括起外号、公开别人隐私、嘲笑他人的生理缺陷等，致使他人的精神和心理遭受侵犯和损害 |
| 身体欺凌 | 是最容易辨认的一种形态，它有着非常具体的行为表现，通常也会在受害者身上留下明显的伤痕，包括踢打受害者、抢夺东西等。施暴者的暴力行为会随着年龄增长而变本加厉 |
| 社交欺凌 | 又叫冷暴力，是最常见、最容易被忽视的校园欺凌，通常涉及言语欺凌，还会涉及散播谣言，或是排挤、离间小团体的成员。此类欺凌伴随而来的是人际疏离感，经常让受害者觉得无助、沮丧 |
| 网络欺凌 | 是指借助网络的虚拟空间，用语言、文字、图像等对人进行攻击。如对事件当事人的非理性“人肉搜索”，将其真实身份、姓名、照片、生活细节等个人隐私公布于众。这些攻击打破道德底线，造成当事人名誉受损 |

4. 快速抢答：这是校园欺凌吗？可以让学生说一说分别是哪种形式的校园欺凌。

（1）给同学起外号，是校园欺凌吗？（是，言语欺凌）

（2）家长或老师说“你看人家小明学习多好，你真是笨死了”，是校园欺凌吗？（是，言语欺凌）

（3）男生小鲁经常在楼梯口、去厕所的路上对女生小董说一些奇怪的话，如“你是我老婆”“你跟我走啊”等，是校园欺凌吗？（是，言语欺凌）

（4）每次考试只要阿美的成绩比阿宏好，阿宏就会跟其他同学说是阿美作

弊，这是校园欺凌吗？（是，言语欺凌）

（5）小君因为与小怡性格不合而非常讨厌小怡，还叫大家不要理她，如果有些同学私下跟小怡一起玩，还会被小君警告。这是校园欺凌吗？（是，社交欺凌）

（6）小强家庭经济情况不好，脚上穿的袜子总有窟窿，宿舍同学总在他脱鞋的时候偷笑，弄得他很尴尬，想辍学，是校园欺凌吗？（是，言语欺凌）

5. 小组交流：我曾见过的校园欺凌。

教师引导：我们刚才一起探讨了校园欺凌的各种情况，你们有见过周围同学被欺负吗？请简单描述一下你见到或者经历的事件，小组交流。

## 教学环节（二） 小玉的故事大家谈

目标：通过小玉的故事，帮助学生理解校园欺凌中相关角色的心理特征和行为特点，进而能够理解并客观地看待常见校园欺凌的原因及危害，有过被欺凌经历的学生能够重新认识自己的经历，心理压力得到疏解并减少心理阴影。

1. 角色扮演：小玉的故事。

（1）各小组选择小玉故事中的一个角色（小玉、老师、小玉妈妈或爸爸、小A、男同学、女同学等6个角色），讨论分析各角色的心理状态和行为特征。

（2）每个小组推选学生扮演所讨论的角色（男同学组和女同学组可以自由确定人数）。

（3）各小组代表一起表演这个故事。

### 小玉的故事

女孩小玉在一所初中就读，学习成绩一直处于中下水平，老师安排教室座位的时候，会让学习好的同学先挑，因此，小玉就总是坐在教室的后排。小玉的父母因为工作很忙，缺少对她生活的照顾，一些同学在班级里甚至QQ群里嘲笑她“邋遢”和“没文化”。

小玉喜欢历史，但是同学中有相同兴趣的人比较少，所以常常显得和大家聊不到一块去。一次，班里的男生欺负一个声音女性化的男生小A时，小玉站出来帮小A打抱不平。这次事件之后，小玉发现自己成了男生们的欺负对象，以致小玉经常和男生吵架。

面对小玉的境况，班里的女同学有点同情，但是又惧怕男生的力量，所以她们只能眼睁睁看着男生欺负小玉。

面对男生的欺负，小玉总是选择反击，比如后座一个男生总会故意把桌子往前挤，被挤到无处可坐的小玉会选择直接把桌子推回去。

发生冲突之后，老师总是批评小玉："为什么别人都好好的，就你总有问题？"

这个时候，小玉和父母的沟通也出现了问题。老师打电话给小玉的父母，介绍了她在学校的表现，尤其是学习成绩下滑的问题。父母又生气又着急，觉得自己的女儿变成了一个坏女孩。这时候，家里的一块玉不见了，父母便以为是小玉偷了卖钱去听自己偶像的演唱会。但其实是小玉希望自己中考顺利，把玉压在了自己的枕头底下。玉的事情虽然最后水落石出，但是父母并没有表示出歉意，还严厉要求小玉只要认真学习就行，不要关注其他。

事情发展到这种程度，小玉怎么也想不明白为什么自己会有这样的遭遇。她越想越绝望，就跑到厨房，拿起菜刀，在自己手腕上划拉了几下，好在感受到疼痛的小玉最终没有继续。幸亏小玉的妈妈及时发现了菜刀的异常，才发现了问题。最终，小玉还是从这所学校转走了。

2. 看完表演后小组讨论：

（1）这个故事中有几种角色？

（2）谁是施暴者？你们觉得他当时想的是什么？有什么样的心理感受？

（3）谁是受害者？你们觉得他当时想的是什么？有什么样的心理感受？

（4）这个故事中出现了哪些不同形式的欺凌行为？

（5）如何看待校园欺凌中旁观者的角色？

（6）如何看待校园欺凌中学校、教师和家长的角色及作用？

（7）如何减少校园欺凌的发生？

3. 全班分享。

4. 教师讲解：校园欺凌中各种角色的分析。

如图 3-5 所示，在校园欺凌发生的场景中，共有五大类角色：一是施暴者，二是受害者，三是旁观者，这三种角色是在现场的；还有两种隐含的角色，一是社会规则（包括法律和道德），二是重要教育者（父母、教师和学校）。这五大类角色直接或者间接地影响了整个校园场域欺凌的发生和发展。

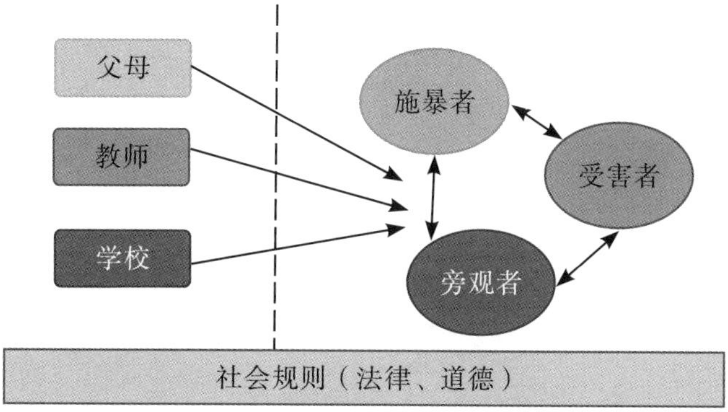


图 3-5 校园欺凌中的各种角色关系分析示意图

（1）施暴群体的成因及个性心理特征。

①家庭不和睦，缺少父母的关怀和有效监督，找寻自己的存在感和认同感。

②遭遇家暴，在充满暴力的环境中长大。

③在学校被教师冷漠、带有偏见甚至是歧视地对待。

④受网络及文学作品中暴力行为的影响。

⑤以自我为中心，性格张扬，具有极强的自尊心、嫉妒心和报复心。

⑥拥有极为强大的心理防御机制，往往自我感觉良好、自欺欺人、逃避现实。

⑦冷漠，容易责备他人，带有攻击性。

⑧行事风格极具冲动性，把侵犯行为当作解决冲突的最好方法。

⑨缺乏基本的怜悯心。

（2）什么样的人容易成为校园欺凌的受害者？[1]

①个体层面上，年龄小或年级较低、有残疾、低自尊、自控能力弱、学业成绩较差、具有被欺凌经历等均可能增加受欺凌的风险。

②家庭层面上，家庭存在特殊困难，得不到父母（监护人）有效关爱的。

③学校层面上，教师对学生缺乏支持和尊重，校园文化包容性差的。

④社会层面上，周围环境不够和谐，朋友少、邻里关系差的。

（3）关于校园欺凌的旁观者。[2]

旁观者在校园欺凌中扮演非常重要的角色，但是往往由于各种原因，比如旁观者效应，与受害者、施暴者的关系，社会规则以及自我效能感的影响，隐藏在内心深处的胆怯等，导致旁观者消极不作为。很多学者对校园欺凌中的旁观者进行了研究，认为校园欺凌发生时只要有旁观者进行积极干预，可以在一定程度上有效制止和结束校园欺凌。但是也有人认为，旁观者不应该不分情况一概被指责。旁观者应该先评估事态和情境，根据不同情况采取更加智慧的方法，学校也应该建立旁观者保护机制。

（4）正确看待校园欺凌现象中学校和教师的角色及作用。

①教师是校园欺凌现象中首要的处理人。

②引导学生关心他人，关注身边的事。

③培养学生的责任意识和合作精神。

④建立旁观者报告的有效机制。

---

[1] 韩自强，龚泽鹏. 基于受害者维度的校园欺凌风险因素系统综述［J］. 中国社会公共安全研究报告，2019（2）：16–50.

[2] 宋雁慧. 关注校园暴力的旁观者［J］. 当代教育论坛，2014（3）：24–29.

⑤通过模拟场景、集体讨论等训练，帮助学生熟练、灵活、智慧地应对校园欺凌。

⑥梳理校园的制度性环境（规定与政策）和非制度性环境（风气和文化）中有哪些会导致欺凌的发生，有哪些可以预防或者降低欺凌的发生，积极营造有利的校园环境。

5. 分组讨论：校园欺凌的性别视角。

男孩和女孩在校园欺凌中的表现是否存在不同？男女生分组，分别讨论以下问题：

（1）女生组：为什么女生之间容易孤立、排挤他人？这样做给双方带来的后果是什么？

（2）男生组：为什么男生之间起冲突的时候容易动手打架？这样做给双方带来的后果是什么？

6. 男女生互评：男生评价女生组的讨论结果，同意哪些观点，不同意哪些观点；女生评价男生组的讨论结果，同意哪些观点，不同意哪些观点。

研究表明，青少年暴力犯罪中男孩的比例显著高于女孩。这对认识校园欺凌及校园欺凌中的性别问题具有一定的启示。在青少年社会化过程中，社会环境和文化习惯容易强调所谓的“男子气概”和“女孩样”，对男孩的社会角色期待倾向于坚强、勇敢、硬气等，如男儿有泪不轻弹、大丈夫等，这能够在一定程度上帮助我们理解为什么男孩在遇到问题的时候容易使用拳头解决。影视作品如武打影片中也时常出现一些暴力镜头，在一定程度上也会强化男孩采用暴力解决问题的倾向。

女孩被刻板的社会角色期待要求听话、温柔、乖顺，受此影响，女孩的交往方式比较缓和细密，青春期以后，随着生理、心理的变化，女孩子变得更敏感，一方面与异性的交往变得更微妙和隐晦，另一方面在同性交往中容易两极分化，要不就成为很亲密的好朋友，要不就彼此反感，容易用孤立、排挤甚至是打击报复的方式处理矛盾。

7. 教师讲解：校园暴力行为人应负的法律责任。

（1）刑事责任。

同学间挑衅生事、辱骂、互殴、群殴等行为有可能造成过失致人死亡罪，故意伤害罪，过失致人重伤罪，非法拘禁罪，侮辱罪，聚众斗殴罪，寻衅滋事罪，组织、领导、参加黑社会性质组织罪等。

同学间以保护、借钱为名向同学勒索财物或以其他不正当的手段获取财物，有可能造成抢劫罪、盗窃罪、抢夺罪、敲诈勒索罪、绑架罪等。

校园暴力的施害人如达到法定年龄，则法院应对犯罪嫌疑人加以刑罚，以维护法律的公平正义。

（2）民事责任。

因故意或过失侵害他人的人身权和财产权依法应负损害赔偿责任。由侵权行为引发的损害赔偿称为民事责任。民事责任旨在保护受害人的身体、财产不受不法侵害。

## 教学环节（三） 校园欺凌防范技能大比拼

目标：帮助学生掌握预防和应对校园欺凌的实用方法，能够在模拟的情境中选择合适的方式应对。

1. 小组讨论：校园欺凌防范技能大比拼，看看哪个小组的方法多。

2. 全班分享，教师讲解。

3. 核心知识点：十招应对校园欺凌[1]（教师要讲清楚每一招背后的“为什么”）。

（1）善于观察，君子不立危墙之下，如有可能尽量避免与脾气暴躁、情绪反复无常的人发生冲突。

---

[1] 面对校园欺凌，十招告诉孩子如何正确应对！[EB/OL].（2020-06-17）[2022-01-05]. https://baijiahao.baidu.com/s?id=1669669653663293997&wfr=spider&for=pc.

（2）如果实力不是相差太远，勇敢地反击。人不犯我我不犯人，注意正当防卫，而不是主动攻击。

（3）遇到实力悬殊的欺凌者，三十六计走为上计，切记跑向人多的地方。

（4）跑不了就喊，语言威慑欺凌者，或向路人呼救求助，采用异常动作引起周围人的注意。

（5）势单力孤又跑不掉时要示弱，保护好重要部位。因为往往实力悬殊的弱者的反抗会使施暴者更兴奋，从而更加暴力。

（6）留存证据，勇敢投诉。在第一时间向老师、学校、家长反映被欺凌情况，情况严重时可直接拨打 110 报警。

（7）整理情绪，重建精神力，必要时寻求心理援助。

（8）多参加社团活动，结交新朋友，建立自己的联盟，上下学尽可能与同学结伴而行。曾有心理学家对 208 位被欺凌者进行追踪研究，发现其中 72% 的人在两年内脱离欺凌，交到新朋友是他们不被欺负的重要原因。

（9）锻炼身体，增强体魄，培养一技之长以增强自信。对于各种原因的经常被欺凌者，体育锻炼是一个普适的增强自信的方法。

（10）增强同理心，用积极视角感化欺凌者。

4. 演一演，看我怎么办。

（1）男生女生混合分组，每组 6~8 人。请各小组根据自己的实际经验和学习到的知识设计和表演校园欺凌的场景和处理过程。小组自行拟定主题、设计情节、分配角色、表现人物的情绪情感，尤其要展现出对校园欺凌的处理办法和策略。

（2）各小组表演，其他组同学认真观看并思考：如果我遇到场景中出现的欺凌该怎么办？他们处理的办法好不好？为什么？

在这里，可以围绕小玉被欺凌后可以采取哪些行动，大家给出主意，续演小玉的故事。

## 教学环节（四） 对校园欺凌说“不”

目标：引导学生综合运用本单元主题的知识，倡导建立尊重、平等、友好的校园人际关系。

1. 海报设计：对校园欺凌说“不”。

请大家根据本单元所学的关于校园欺凌的知识，独立或与其他同学合作完成一幅以“对校园欺凌说‘不’”为主题的海报，组建校园欺凌宣讲团，每小组推选一人，进行 10 分钟的宣讲练习。

2. 课后宣传。

以班级或年级为单位在学校走廊或操场展出海报，还可进行相关的宣传活动。

如果课堂时间不够用，这个部分可以作为课后活动作业。

## 四、培训活动建议

本单元的培训要求教师抛开偏见，客观地带领学生分析校园欺凌事件的各个角色的特点。被欺凌其实不专属于某一些人，很多青少年可能都有过不好的经历和体验。培训的重点是培养青少年的同理心，从教授青少年理解自己的感受开始，在青少年能够理解自己的感受之后，他们就离理解他人的感受近了一步。一旦同理心这个“开关”在青少年心中被打开，将会促使青少年的行为发生更加积极正面的变化，他们将能够以积极的视角来看待眼前的欺凌者和欺凌行为，将更有力量和方法去影响、感化对方。

面对校园欺凌，最怕的就是青少年的软弱，这种软弱不单指身体弱小，更多的是精神软弱，不敢捍卫自己，不敢表达自己。因此，教师要给青少年更多的陪伴和鼓励，更要帮助青少年形成智慧应对校园欺凌的思维方式——“预防—评估现场—做出决策”，这是学生社会性和情感发展领域中的一个重要部分。[1]

在角色扮演活动中，教师要留足够的时间让各个角色都能充分参与和表达，都能被看到，同时也要让旁观者充分表达，从而形成一种“场的教育力量”。如果个别学生之前有过被欺凌的经历，课上出现了情绪激动甚至哭泣的行为，教师要给予支持和安抚。

## 五、拓展阅读及参考资料

校园欺凌不只发生在校园，也可能发生在校外，甚至发生在互联网上。欺凌是一种反社会行为，通常会造成受害人心灵受伤、人际关系疏离，甚至有可能逼迫受害人产生报复性攻击行为，或使受害人转而欺凌他人。研究表明，校园欺凌中的受害者如果长期得不到关注和支持，可能就会形成懦弱的性格，凡事甘愿受委屈，最深的影响则可能形成“习得性无助”[2]的固定思维模式，任由事情向不好的方向继续发展。

研究发现，睾酮水平高的人更容易有暴力倾向，具有斗士基因或低血清素基因的人也更容易具有暴力倾向，但这种基因是否会被触发，取决于自身的童

[1] 冲突解决是社会性和情感发展领域中的一个部分，《学前儿童观察评价系统》一书将学前儿童问题解决技能发展的情况分为0~7个水平。水平0：在冲突情景中，儿童继续保持他原有的行为。水平1：儿童用回避、哭、击打或咬的方式应对冲突。水平2：儿童试图用简单的方式去解决冲突，比如试图用武力（直接抢）或语言（“不”“我的！”）等方式来解决争端。水平3：在解决与同伴的冲突时，寻求成人的帮助。水平4：在成人支持下，儿童参与问题的解决，能提出解决方法或对某种解决方法表示赞同（从自己的角度向成人讲述发生的事情，在成人的提示下提出解决办法）。水平5：在没有成人支持的情况下，儿童和同伴依靠自己协商解决冲突。水平6：儿童能够预估解决冲突的办法是否有效，并能解释原因。水平7：儿童帮助其他儿童解决冲突。

[2]“习得性无助”是由美国心理学家塞利格曼在研究动物时提出的。起初把狗关在笼子里，只要蜂音器一响，就给予狗难受的电击，狗关在笼子里逃避不了电击。多次实验后，蜂音器一响，在给狗电击前，先把笼门打开，此时狗不但不逃反而不等电击出现就先倒地开始呻吟和颤抖，本来可以主动地逃避却绝望地等待痛苦的来临。

年经历，如果童年时期遭受虐待或者有过被施暴的经历，那么拥有高风险基因的人更容易产生极端暴力行为，男性中具有斗士基因的占 30%，16% 具有低血清素基因。[1]

校园欺凌发生时，有一些旁观者，他们不是去制止、劝阻或报告老师，而是拿起手机进行拍摄，以一种娱乐的心态看待发生在校园中的欺凌行为，并且在网络中传播散发。旁观者是指欺凌事件的知情者、目睹者及干预者（包括帮助受害者、施暴者），根据其行为类型可以分为四类：协同欺负者，事先并不知情，但事发后协助施暴者捉弄、折磨受害者；煽风点火者，通过一定的煽动性语言、姿势或行为鼓动施暴者；置身事外者，保持中立，不介入将要发生或正在发生的校园暴力事件；保护者，安慰、帮助受害者，并努力制止暴力行为。[2] 救助行为出现的可能性与在场旁观人数成反比，即旁观人数越多，救助行为出现的可能性就越小。学校可以通过打造“熟人社会”的方式来有效促进旁观者行为方式的转变。

# 第十一单元　早婚早育的危害

## 一、教学目标

### （一）知识层面

1. 知道什么是早婚及合法的婚育年龄。

2. 了解早婚早育的原因及危害。

3. 理解舒伯的生涯彩虹图的含义。

4. 了解禁止早婚的国际公约和我国法律。

---

[1] KOLLA N J，BORTOLATO M. The role of monoamine oxidase A in the neurobiology of aggressive，antisocial，and violent behavior：A tale of mice and men［J/OL］. Progress in Neurobiology，2020，194：101875［2022-01-05］. https：//doi.org/10.1016/j.pneurobio.2020.101875.

[2] 宋雁慧. 关注校园暴力的旁观者［J］. 当代教育论坛，2014（3）：24-29.

### （二）技能层面

1. 能够运用舒伯的生涯彩虹图描绘自己所期待的生命历程，初步建立生涯意识。

2. 能够运用法律武器保护自己。

3. 知道如何拒绝早婚早育。

### （三）态度层面

1. 早婚早育会对今后的生活产生不良影响，要树立正确的爱情观、婚姻观。

2. 早婚不是逃避现实问题的好办法，它对女性的影响要大于男性，要敢于说“不”。

3. 早婚早育既是社会现象，也是个人的选择，要为自己的生命历程负责。

## 二、活动概览

先将学生分成几个小组，6~8 人一组，活动以小组为单位进行。

表 3-16 教学设计

| 教学环节 | 内容与过程 | 时间 | 所需材料 |
| --- | --- | --- | --- |
| 我的生命彩虹图 | 画一画：我的生命彩虹图<br>小组分享 | 15 分钟 | 白纸，生命彩虹图的基础打印纸，彩笔，PPT |
| 七嘴八舌话早婚 | 师生对话：什么是早婚<br>小组表演：人生大不同<br>讲解：早婚的危害<br>小组讨论：早婚的原因<br>讲解：禁止早婚的国际公约和我国法律 | 40 分钟 | |
| 禁止早婚早育我来代言 | 讲解：早育的危害<br>讨论：治理早婚早育应该怎么做<br>分小组设计海报——早婚早育的危害 | 30 分钟 | |

## 三、教学过程设计

### 教学环节（一） 我的生命彩虹图

目标：让学生感受不同生命角色开始的时间，带领他们畅想并初步规划自己的人生，培养初步的生涯意识。

1. 画一画：我的生命彩虹图。

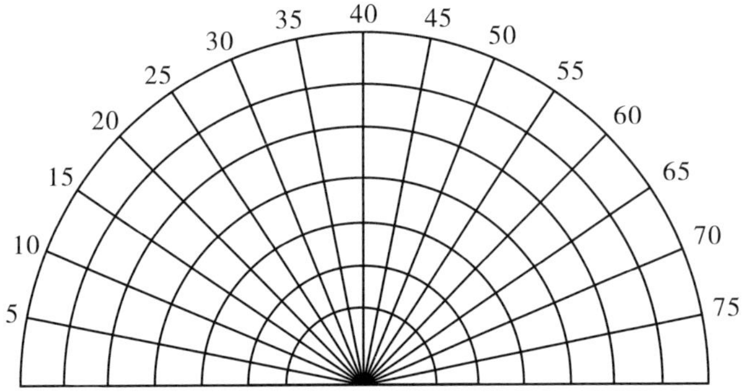


图 3-6 舒伯的生涯彩虹图简版（空白）

图 3-6 中数字代表年龄，每个半圆环代表一种角色，请设计出你的每种角色的起始点，并用不同的颜色涂满。角色建议：子女、学生、工作者、丈夫/妻子、父母……

生涯彩虹图是舒伯（Donald E. Super）创造性地描绘人的多重角色生涯发展状况的综合图形。生涯彩虹图直观展示了人的生涯发展阶段与各种角色的相互影响（图 3-7）。

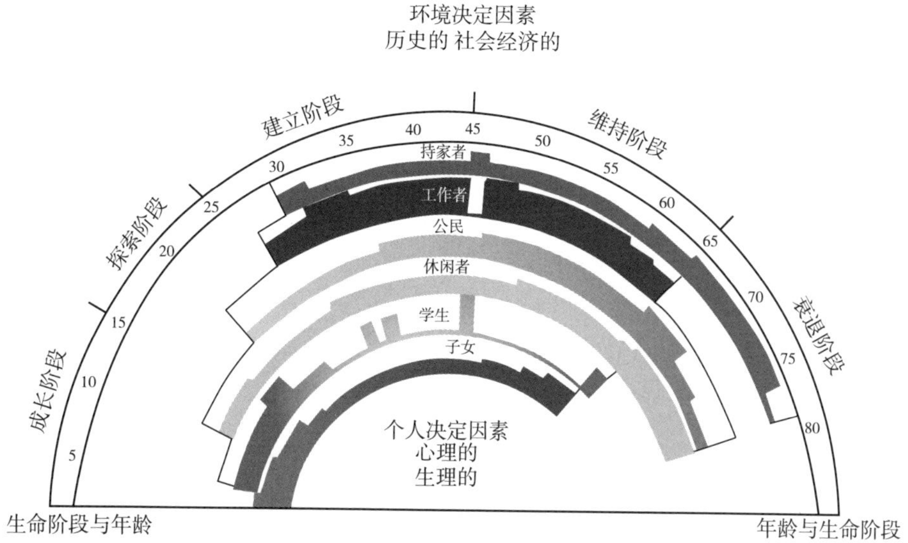


图 3-7　舒伯的生涯彩虹图示意图

舒伯认为人一生所扮演的许多角色就像彩虹同时具有的许多色带。彩虹的每一条色带都是人所扮演的一个角色，人生主要有子女、学生、休闲者、公民、工作者、持家者六个不同的角色。这些角色的起止时间不同，同一年龄阶段人会同时扮演数种角色，在不同角色上投入的精力也不同，不同角色交互影响交织出个人独特的生涯状况。

舒伯的生涯彩虹图是生涯发展理念的重要工具之一，我们在本单元中所使用的生命彩虹图是简版，目的在于让学生去思考不同角色起始的时间。

2. 小组分享。

## 教学环节（二）七嘴八舌话早婚

目标：让学生知道什么是早婚以及合法的婚育年龄，帮助学生理解早婚带来的危害，了解相关的法律知识，学会用法律保护自己，培养学生正确的爱情观、婚姻观。

1. 师生对话：

（1）出示网上的一些早婚早育的真实照片，询问学生看了图片之后的感受。

（2）猜猜看，法定结婚年龄是多大？

（3）你周围的人最早结婚是多大年龄？

（4）你们觉得他们为什么这么早 / 晚（根据学生的回答）结婚？

（5）如果给早婚下个定义，会是什么呢？

早婚指男女双方或是一方没达到法定年龄（男 22 周岁，女 20 周岁）而造假违法登记结婚或只举办仪式不履行法定手续的事实婚姻，是违反《中华人民共和国婚姻法》规定的非法婚姻，无论是对婚姻当事人及其家庭，还是对社会，都会带来不良后果。

2. 小组讨论：早婚会给个人生活带来怎样的影响？

3. 全班分享。

4. 小组表演：人生大不同。

（1）设计脚本。将全班分成 6 个组，教师准备 6 张纸条，3 张写上“正常的人生”，另外 3 张写上“早婚的人生”，每个小组派代表抽取 1 张纸条，然后回组内讨论并设计不同年龄可能的生命状态（比如 14 岁、15 岁、25 岁，不同的年龄段在做什么）。小组自行设计情节，注意体现早婚会出现的问题。

（2）表演。每次选一个“正常人生”组和一个“早婚人生”组，组内各派一名学生进行表演，“正常人生”组和“早婚人生”组各自介绍在同一年龄阶段做什么，表演者如果想要这样的生活就前进一步，不想要就后退一步，年龄一岁一岁向前，脚步或前或后一直到 25 岁。

（3）分享活动感受。

5. 教师点评学生的表演，从中总结出早婚的危害。

（1）无法律效力。由于不到法定年龄，早婚不能领结婚证，婚姻没有法律效力，一旦发生婚变，更容易引起财产、子女抚养权纠葛。

（2）离婚率高。早婚的夫妻双方性格、心理都不够成熟稳定，社会生活经验不足，容易发生家庭危机。

（3）影响工作学习、身心健康。青年时期正是身体发育、长知识、学技术的黄金时代。一个人的精力和时间是有限的，过早的结婚，免不了要承担家庭责任，加上又要工作，又要学习，就会感到力不从心。

（4）经济负担过重。有些早婚的男女工作不稳定，经济不独立，只能靠家长来支持。

（5）造成早育问题，且不能承担起对下一代抚养、教育的职责。

6. 小组讨论：每个小组用一张白纸，通过问题树的形式画出产生早婚现象的原因。主要从当地的一些风俗入手，也要结合青少年的心理特点（比如厌学、易受外界诱惑等）。

7. 全班分享，教师总结早婚的原因。

（1）性别歧视。认为女性只是生育工具，有生育能力的时候就可以结婚生育了。

（2）贫穷。一些女性因家庭贫困而早婚。

（3）文化习俗。有些地区有早婚的风俗。

（4）性教育缺失。青春期后性生活随意，没有人告诉他们年纪太小发生性关系是不正确的做法。

8. 教师讲解：禁止早婚的国际公约和我国法律。

（1）禁止早婚的国际公约：《联合国 2030 可持续发展目标》中的目标 5（性别平等）、《消除对妇女一切形式歧视公约》等。

（2）我国禁止早婚早育的相关法律法规：《中华人民共和国民法典》《中华人民共和国人口与计划生育法》《中华人民共和国未成年人保护法》等。

## 教学环节（三） 禁止早婚早育我来代言

目标：帮助学生了解早婚早育的危害，知道如何拒绝早婚早育，培养学生正确的爱情观、婚姻观。

1. 教师讲解：早育的危害。

青少年时期是身体生长发育的重要时期，如果在身体发育成熟之前怀孕，母体和胎儿同时具有生长发育的需求，势必造成胎儿同母体争夺营养的情况，使母婴双方都不能健康生长。

（1）早婚早育会增加围生期母婴的死亡率。青春期怀孕，孕妇易患高血压、心脏病、风湿热等多种并发症，同时，早育者还会因为骨盆韧带松弛度不高和阴肌肉的弹力不够，出现产力不足而难产，在分娩时又易出现软产道裂伤、产后出血、胎盘早剥等产时并发症，造成母婴死亡率增高[1]。

（2）20 周岁以下的年轻母亲所生的子女中，先天性畸形和低体重儿发生率较高。

2. 小组讨论治理早婚早育可以怎么做。

（1）开展普法宣传，增强法律意识。

（2）提升个人生殖健康意识，主动学习卫生健康知识。

（3）开展家长和社区教育活动，对中老年进行普法宣传，帮助树立保障青少年免受早婚早育侵害的观念。

（4）关注身边有此风险的个案，调动社区和村委会爱心人士为他们提供帮助和支持。

3. 分小组设计海报——早婚早育的危害。

## 四、培训活动建议

本单元的培训主要用于有早婚早育现象的地区，如果本地区没有此类现象，可以选用第一个教学环节生命彩虹图的绘制和人生初步规划，引导学生思考自己的生涯规划。

---

[1] 石一复，朱雪琼. 小儿与青少年妇科学［M］. 北京：科学出版社，2019：481–487.

## 五、拓展阅读及参考资料

早婚现象在一些偏远地区一直存在，根本原因在于当地经济文化仍较落后，婚嫁习俗受到当地传统的影响较大。[1，2]一些青年正处于对异性向往的年龄阶段，容易恋爱结婚。短期来看，婚姻给这些青年带来了稳定的家庭生活，有的家庭还解决了劳动力不足的问题。[3]然而，大多数青年在校接受教育的时间尚短[4]，没有受到充分的生理生育方面的教育，不可避免会带来早育的结果。生理上，早婚早育会给女性埋下健康隐患。女性在身体还未发育成熟时孕育胎儿，会使母婴双方都无法健康成长[5]，患某些疾病的概率大大提升[6]。心理上，早婚夫妻的情感基础还不牢固，婚姻尚不稳定，家庭矛盾严重时甚至会导致夫妻感情破裂[7]。此外，早婚青年缺乏照顾孩子的经验，可能难以承担起母亲父亲的责任，对孩子的身心健康发展产生不良的影响。[8]整体而言，早婚在一定程度上缩短了世代间隔，加快了人口增长的速度[9]。这会给农村风气带来不良影响，不仅损害法律的权威，还严重干扰计划生育政策的约束力，影响人口调控计划[10]。

---

[1] 江苏省人口普查办公室. 早婚早育状况及其影响 [J]. 人口学刊，1988（5）：54–56.

[2] 岳红，马晓丽. 建国前后冀南农村的早婚现象透视 [J]. 人民论坛（中旬刊），2010（4）：184–185.

[3] 申育林. 关于农村青年早婚早育问题的探讨 [J]. 农村经济与科技，2011，22（5）：216–217.

[4] 伍琼华，张睿莲. 云南边境边远地区少数民族的早婚原因探究 [J]. 中央民族大学学报（哲学社会科学版），2015（6）：45–52.

[5] 赵新颖，朱瑞敏. 农村维吾尔族早婚现象的原因及对女性权益的影响 [J]. 法制与社会，2015（17）：166–167.

[6] 刘师师. 中国早婚现象研究综述 [J]. 才智，2016（6）：235–236.

[7] 杨红静，张春旭. 吉林省农村早婚现象的危害及对策分析 [J]. 改革与开放，2015（7）：68–69.

[8] 刘黎莉. 农村早婚早育的忧与思 [J]. 瞭望周刊，1991（2）：15–16.

[9] 张天路. 早婚早育危害大 [J]. 中国民族，1991（8）：32–33.

[10] 李义新，张华清. 农村早婚早育问题亟待解决：钟祥市 47 个村早婚早育现状的调查与思考 [J]. 人口研究，1994（4）：60–61.

# 第十二单元　正确认识艾滋病

## 一、教学目标

### （一）知识层面

1. 能够对艾滋病有科学的认知。

（1）艾滋病的病因。

（2）艾滋病的特点。

2. 能够清楚地知道艾滋病的传播途径。

（1）艾滋病的三条传播途径。

（2）艾滋病的六大高危人群。

（3）艾滋病传播必须同时具备的三个条件。

3. 了解并掌握正确预防艾滋病的方法。

### （二）技能层面

1. 能够向周围人宣传预防艾滋病的基本知识。

2. 能够运用正确预防艾滋病的方法保护自己。

### （三）态度层面

1. 打破“谈艾色变”的心理恐惧，能够以平等尊重的态度对待艾滋病患者，拒绝歧视。

2. 能够理性认知艾滋病将会长时间存在于我们的生活中，提升自我保护意识。

## 二、活动概览

课程以小组合作的方式开展，课前请先分好组，6~8 人一组。

表 3-17 教学设计

| 教学环节 | 内容与过程 | 时间 | 所需材料 |
|---|---|---|---|
| 什么是艾滋病 | 写一写：看到“艾滋病”这三个字，你想到什么？<br>观看视频:《白血球的功能》《揭秘艾滋病病毒如何攻击人体细胞》<br>小组讨论：究竟什么是艾滋病<br>教师讲解：艾滋病的特点 | 20 分钟 | 白纸<br>彩笔<br>PPT |
| 艾滋病是如何传播的 | 教师讲解：艾滋病的传播途径及高危人群<br>说一说：你们认为哪些活动不会传播艾滋病<br>小组辩论赛：蚊子叮咬会不会传播艾滋病<br>教师讲解 | 20 分钟 | |
| 预防艾滋病的方法 | 教师讲解：正确预防艾滋病的方法<br>比一比：预防艾滋病，中小学生应该怎么做，看一看哪个小组的点子多 | 20 分钟 | |
| 拒绝歧视，尊重关爱 | 活动：艾滋病感染者申诉大会<br>全班分享<br>教师讲解：拒绝歧视，我们应该怎么做<br>总结 | 30 分钟 | |

## 三、教学过程设计

### 教学环节（一） 什么是艾滋病

目标：帮助学生了解艾滋病的病因，对艾滋病有科学的认识，能够用自己的语言说出什么是艾滋病。

1. 写一写：看到“艾滋病”这三个字，你想到什么？请匿名写下来。

引入：出示“红丝带”的图标，引出艾滋病的话题。

这个部分可以帮助教师了解学生原有的关于艾滋病的知识及看法，也有利于教师根据学生的原有经验和认识调整教学的重难点。

2. 教师读一读学生所写的关于艾滋病的内容。

3. 观看视频：《白血球的功能》及《揭秘艾滋病病毒如何攻击人体细胞》。

4. 小组讨论：什么是艾滋病？请尝试用几句话说清楚。

5. 全班分享，教师回应。

（1）艾滋病是一种危害性极大的传染病，由艾滋病病毒（HIV）引起，造成人体免疫系统缺陷。

（2）HIV 是一种能攻击人体免疫系统的病毒。它把人体免疫系统中最重要的 T 淋巴细胞作为主要攻击目标，大量破坏该细胞，使人体丧失免疫功能。

（3）因此，感染 HIV 后人体容易感染各种疾病，并可产生恶性肿瘤，病死率较高。

**活动提示：**

教师可以让学生多练习表达自己对艾滋病的理解，以便于他们在知识传递时能够给别人讲清楚。

## 教学环节（二） 艾滋病是如何传播的

目标：使学生能够清楚地知道艾滋病的传播途径，打破“谈艾色变”的心理恐惧，为不歧视艾滋病病人打下知识基础。

1. 教师讲解：艾滋病的传播途径及高危人群。

（1）艾滋病传播的途径有三条：

①性接触传播。

②血液传播。

③母婴传播。

（2）艾滋病六大高危人群：

①男性同性恋，肛交。

②性活跃者，与多人性接触。

③吸毒者，静脉注射毒品，使用了不洁针具。

④与上述高危人群有性关系者是艾滋病的又一高危人群。

⑤承受输血或血液成品者。

⑥血友病患者。

（3）HIV 传播必须同时具备的三个条件：

①有大量的病毒从感染者体内排出。

②排出的病毒要经过一定方式传递给他人。

③有足量的病毒进入人体。

2. 说一说：你们认为哪些活动不会传播艾滋病？（提示：日常的生活接触是不会传染艾滋病的）

拥抱、握手、共用卫生间、共用毛巾、共餐、共用杯子喝水、同一个泳池内游泳、共乘交通工具、咳嗽、打喷嚏、共穿一件衣服、礼节性亲吻等。

3. 辩论赛：蚊子叮咬会不会传播艾滋病？

可以将全班分为两个大组，让学生说一说自己支持哪个观点，并说出理由。

从理论上讲，蚊子在艾滋病病人和健康人身上来回不停地吸血，要达到致病的病毒量，至少要在短时间内来回上千次。

4. 教师讲解蚊子叮咬不会传播艾滋病的原因。

（1）蚊子吸血后不会将血吐出。

（2）HIV 在蚊子体内不能存活。

（3）蚊子吸入的是血液，吐出的是唾液，且食管和唾液管是分开的。

可以结合 HIV 传播必须同时具备的三个条件来讲。

小结：我们以往对于艾滋病的恐惧源于很多误解，主要是由于对艾滋病机理及其传播原理不了解。

## 教学环节（三） 预防艾滋病的方法

目标：使学生能够清楚地了解并掌握正确预防艾滋病的方法。

1. 教师讲解：正确预防艾滋病的方法。

（1）切勿共用针具：远离毒品（注射吸毒）；用全新针具，如不得不共用，要彻底消毒针具。

（2）正确处理伤口：发现伤口立即消毒包扎；处理别人的伤口时先带胶手套，不要徒手接触别人的血液和伤口。

（3）安全性行为：清楚性伴侣的背景，性伴侣越多，感染的机会越大；正确使用避孕套。

总结：预防艾滋病——FACTS 行动。

F：忠诚

A：戒欲

C：使用避孕套

T：检测

S：远离毒品和酒精

2. 小组活动比一比：预防艾滋病，中小学生应该怎么做？看一看哪个小组的点子多。

3. 全班分享：

（1）坚决杜绝性接触。

（2）不以任何方式吸毒。

（3）不轻易接受输血和血制品（如必须使用，要求医院提供经艾滋病病毒检测合格的血液和血制品）。

（4）不与他人共用针头、针管、纱布、药棉等。

（5）不去消毒不严格的医疗机构或其他场所打针、拔牙、针灸或手术等。

（6）避免在日常救护时沾上伤者的血液。

（7）不与他人共用有可能刺破皮肤、黏膜等的用具，如牙刷、剃须刀等。

## 教学环节（四）拒绝歧视，尊重关爱

目标：使学生能够理性认知艾滋病存在于我们的生活中，减少歧视，多些关爱，能够向周围人传播预防艾滋病的相关知识。

1. 小组活动：艾滋病感染者的内心独白。

（1）分小组抽签（签上可以分别写出感染艾滋病的不同途径）。

（2）请根据抽签提示，讨论不同途径感染艾滋病的感染者的处境和心情。

（3）用图画或语言为他们代言，表达他们的心情，然后宣讲。

（4）讨论：对不同感染途径的艾滋病病人进行区别对待的原因和后果。

大家往往会同情因为医疗输血、母婴传播、职业暴露等因素感染 HIV 的人员，而歧视因为吸毒、性行为等感染 HIV 的人员，这种歧视源于对他人生活行为的不认可。对感染途径不同的艾滋病病人区别对待，歧视他们，会让他们担心宣布自己病情之后会被严重歧视，因此他们很可能会选择隐瞒病情，甚至有恐惧、仇恨和对立等反社会行为。

2. 播放电影《最爱》，让学生通过艺术途径感受被歧视的艾滋病病人的痛苦。

3. 教师讲解：拒绝歧视，我们应该怎么做？

（1）世界艾滋病日——每年的 12 月 1 日。

为增进人们对艾滋病的认识，世界卫生组织于 1988 年将每年的 12 月 1 日定为世界艾滋病日，号召世界各国和国际组织在这一天举办相关活动，宣传和普及预防艾滋病的知识。

①让人们知道艾滋病在全球范围内是能够加以控制和预防的。

②让大家都知道，预防艾滋病很重要的一条就是每个人都要对自己的行为负责。

③通过世界艾滋病日的宣传，唤起人们对艾滋病患者的同情和理解，因为

他们的身心已饱受疾病的折磨，况且有一些艾滋病患者可能是被动的、无辜的。

④希望大家支持国家制订的防治艾滋病的规划，共同行动起来支持这方面的工作。

（2）红丝带。

世界艾滋病日的标志，也是全世界关心艾滋病患者行动的标志，它鼓励我们伸出友爱、关怀之手，去帮助那些深受艾滋病折磨的人。

红丝带象征着希望：希望艾滋病在将来有结束的一天，希望受苦的病人能痊愈，希望整个社会的压力得以缓解。

（3）拒绝歧视艾滋病行动——LUCK：L 表示爱；U 表示理解；C 表示关怀；K 表示友好。

4. 总结：艾滋病防治知识。

（1）艾滋病感染途径：性接触传播，血液传播，母婴传播。

（2）预防艾滋病——FACTS：F 表示忠诚；A 表示戒欲；C 表示使用避孕套；T 表示检测；S 表示远离毒品和酒精。

（3）对待艾滋病病人——LUCK：L 表示爱；U 表示理解；C 表示关怀；K 表示友好。

## 四、培训活动建议

对青少年进行艾滋病防治的教育除了要教授关于艾滋病的科学知识，更重要的是进行正面的性健康教育。青少年大多对性充满好奇，要填补上这个知识缺口，不要拐弯抹角地暗示或者单纯立规矩，而是要正面应对有关性的问题，才能够让他们不会因为好奇而受到诱惑。

人们对艾滋病患者歧视的原因部分是源于对艾滋病的无知与恐惧。我们应当力所能及地给予艾滋病感染者以平等和关爱的环境，不仅要有相应的理念，还应当有实际的策略和行动，并将这些理念传递给学生。

## 五、拓展阅读及参考资料

HIV 以人体的免疫系统作为攻击目标，在没有任何治疗手段介入的情况下，感染者的免疫系统将逐渐被 HIV 摧毁，直至丧失几乎所有免疫能力。临床上一般将艾滋病分为四个阶段：急性感染期、潜伏期、症状期以及典型发病期。在 HIV 的急性感染期，大部分感染者不会出现明显症状，部分感染者出现类似流感的症状。此后，艾滋病进入潜伏期，感染者仍然不会出现明显症状。艾滋病的潜伏期长度介于数月至 20 年之间，平均长度大约是 10 年。最后，感染者的免疫系统几乎被 HIV 摧毁，艾滋病进入发病期，几乎失去所有免疫力的患者将很快死于感染或恶性肿瘤。一般来说，将病程处于急性感染期与潜伏期的感染者称为 HIV 携带者，而将进入症状期（发病期）的感染者称为艾滋病病人。HIV 携带者可以像普通人一样生活，即使成为艾滋病病人，通过抗病毒治疗也能长期控制病情。

艾滋病有三大传播途径：血液传播、母婴传播、性传播。许多人歧视艾滋病患者，在他们眼里，艾滋病患者都是由于性关系混乱、吸毒等原因才感染的。但其实很大一部分患者是因为输血、母婴传播或者注射途径感染了 HIV，并不都是因为吸毒或者性关系混乱。我们不应歧视艾滋病患者，他们是疾病的受害者，应该得到人道主义的同情和帮助。

目前尚未有预防艾滋病的有效疫苗，因此最重要的是采取预防措施。作为个人，一是要洁身自爱，不涉足色情场所，不要因好奇而尝试吸毒；二是生病时要到正规的诊所、医院求治，注意用血安全，不使用未经消毒的器具穿耳孔、文身、美容；三是不与他人共用剃须刀、牙刷等私人物品，尽量避免接触他人体液，对被他人污染过的物品要及时消毒。如果怀疑自己被感染，可到各级疾病预防控制中心和医疗机构进行咨询检测。

我国有针对艾滋病患者的“四免一关怀”政策：“四免”包括自愿免费血液初筛检测，对农村和城市生活困难的艾滋病患者实行免费抗病毒治疗，对艾滋病患者的遗孤实行免费入学，对感染 HIV 的孕妇实行免费血液检测和免费阻断母婴传播；“一关怀”即将生活困难的艾滋病患者纳入政府救助范围。

# 第十三单元　各单元培训者培训建议

进行教师培训时，需要在本书各单元教学设计的基础上增加适合成人培训的部分内容和活动，以保障参训教师能够准确理解不同主题下的核心理念和教学重点，12 个单元的具体培训建议如下：

**1. 第一单元：青春期性健康教育的立场、观点和方法**

这个主题是针对教师培训设计的，是总览，是不能缺少的部分，要保证 3 个小时的培训时长。

**2. 第二单元：我从哪里来**

针对学生的教学设计基本适用于成人，只是需要将任务的难度提高，比如不给框架和提示直接完成人形图，里面涉及有关生殖系统的知识点，可以由参训教师直接讲出。这个主题需要注意两点：①男女生殖器官和受精过程涉及的一些词会让教师觉得不好意思，有些人觉得说不出口而含糊其词，在培训中一定要注意加大这个环节对教师“用科学的语言说出来”的训练，达到每个参训教师都能面不改色心不跳地说出与生命诞生相关的核心词语。②思考精子与卵子结合过程背后所传递的价值取向。可以给参训教师播放不同国家拍摄的生命诞生的短视频，让教师讨论不同的短视频背后所传递的价值取向。比如日本的视频中，将精子和卵子的相遇称为相爱，受精卵因爱而生，冲在前面的精子之所以刚开始没能打开卵子的大门是因为爱不够，在同伴帮助和自己努力下终于被卵子所接纳，新生命就此诞生；美国的视频中，传递的是能够被卵子接纳的精子是最强壮的，它携带最强的基因打败了众多精子而遥遥领先，最后能够与卵子成功结合。培训中，可以让教师讨论这些视频，以及自己比较倾向于选择哪个作为教学的素材，反思原因。

### 3. 第三单元：青春期的变化

针对学生的教学设计基本适用于成人，需要注意三个问题：①在感知青春期生理变化的活动中，调动参训教师自身经验的同时，也要引导参训教师注意到那些容易被成人忽视的青春期孩子的细小的变化，以及青春期发育的差异性，这些被忽视的部分恰恰可能是引发青春期问题的点。②青春期的变化除了生理变化，心理的变化也是比较明显的，培训中要引导参训教师思考、讨论互联网以及移动智能终端下成长起来的青少年的特点，可以专门设计一个环节对此进行探讨。③面对青春期的学生，不少教师也缺乏经验，培训中可以增加对参训教师的实际支持，比如针对青春期学生的闭锁和逆反心理特点如何与之进行沟通等，可通过角色扮演等方式增加对青春期青少年的同理心，增强自我觉察。

### 4. 第四单元：你好，我的月经朋友

针对学生的教学设计基本适用于成人，需要注意两个问题：①整个培训现场要营造温馨、关爱的氛围，帮助参训教师突破月经禁忌的心态，使月经变成一个可以讨论的话题。帮助教师认识到月经是伴随女性生命大半历程的“朋友”，是承担生命繁衍功能的重要体现，甚至是青春的证明。②对月经的关注是女性一辈子的事情，培训中要与参训教师一起梳理、交流一些关于月经的科学知识和实用技能。这一内容也和校园文化中学生友善环境的建设有关，如学生在没有带卫生巾时是否方便获得，住校生是否有卫生的洗浴条件，学生因为月经期遇到尴尬情形的处理，体育老师如何给来月经的女生安排适当的运动方式等。

### 5. 第五单元：遗精那些事儿

这个主题对于女教师来说有一定的挑战性，最好由男教师进行教学。培训中需要注意两个方面：①通过大声朗读、全班宣讲等方式加强对参训教师的心理建设和脱敏训练。②需要对该主题所关联的“男性气质”部分进行更深入的探讨，加强参训教师对性别刻板印象的理解。除了本主题所涉及的对纪录片

《面具之下》的讨论分析，还需要设计环节帮助教师反思自身在哪些方面受性别刻板印象的影响，分别会产生怎样的后果，这种性别刻板印象带到教育教学中会怎样，以利于教师在教学过程中更好地把握性别平等，对“男性气质”到底是什么也能够有更深入、客观的认识。

**6. 第六单元：青春期的性萌动**

针对学生的教学设计基本适用于成人。尽管性是人类的本能，也会是陪伴我们一生的话题，但这个主题却可能是所有主题中最让教师觉得尴尬和难以启齿的部分。培训中需要注意三个方面：①通过大声朗读、全班宣讲等方式加强对参训教师的脱敏训练，尤其让教师练习用大方的态度和科学的语言进行教学。②可以设计“头脑风暴”环节，列出一些在这个话题下很具挑战性的词，比如自慰、性梦等，教师一起讨论当学生提出这些词的时候如何回应和处理。③带领教师讨论本部分内容尤其是性欲部分内容教师讲解的深度和尺度，以使性教育既能够有所突破又不至于与当地社会文化格格不入，使人易于接受。

**7. 第七单元：青春期的情感**

这个主题教师培训和学生培训的活动设计可能差异会比较大，因为在这个话题上，成人和青少年的经验和认知存在比较大的差异。参训教师有可能会认为青少年的爱情是幼稚的，具有很强的冲动性，但是经验和研究都告诉我们，青少年对异性产生好奇或好感，是成长过程正常的身心发展需求。在恋爱关系中的青少年所体验的情感和成人一样，都是真实且具体的，并会对他们的生活产生巨大的影响。教师培训的重点应该放在引导教师从爱情本身出发，体会学生情感的真实和美好，产生同理心。同时，如果参训教师持不赞成态度，要充分尊重他们的立场，提示他们理性对待青少年的情感。

教师培训可以改变导入活动的引导语，如“听着这首歌，我们把思绪带回年少时代，我们第一次对异性产生好感，是什么样的心情呢？让我们的思绪飞一会儿……”，唤起参训教师对自己青春期情感经历的回忆，调动学员们的情绪，引起共鸣，进而理解青少年的情感体验。还可以设计活动“我的角色”，帮助教师思考“教师在学生青春期成长中应扮演什么角色”的问题，使他们意识到情窦初开是青少年生命成长不可跨越的阶段，要珍视青少年的情感，陪伴学生一起走过这段旅程。

**8. 第八单元：青春期的情绪**

针对学生的教学设计基本适用于成人。情绪是每个人都会遇到的问题，参训教师也不例外。教师面对的是处在青春期的学生，而且学校的升学压力也会直接作用于他们，因此，教师自身的情绪疏解问题可能更突出，建议把培训变成一次真实的情绪疏导课，让参训教师切实体会参与式方法对自身情绪管理的积极影响。培训中需要注意以下四点：①需要帮助参训教师理解并体会社会性别偏见和性别刻板印象对青春期学生（尤其是女生）的影响必然会影响到青少年的情绪，因而，看待情绪影响时需要增加社会性别视角。②教会教师使用音乐、绘画等表达性艺术治疗手段，可以起到更好的效果。③情绪管理的 ABC 理论也要用真实的案例帮助教师理解、体会。④需要提示参训教师的是，青春期学生情绪的变化是明显且剧烈的，要重在引导学生关注情绪问题，学习情绪调节的方法。

**9. 第九单元：认识性骚扰与性侵害**

针对学生的教学设计基本适用于成人。需要强调权力关系不对等是产生性骚扰的重要原因，培训者要带领教师结合自身的经验展开讨论。只有教师自己在面对潜在的性骚扰风险上找到可能的解决方案，在现实的教学过程中才能更好地帮助青少年树立防范和应对性骚扰的意识，在未来生活中做好自我保护。

**10. 第十单元：认识校园欺凌**

针对学生的教学设计基本适用于成人。培训中需要注意三个问题：①需要延伸现有的设计内容，不能给角色简单地贴标签，要引导教师看到施暴者、受害者、旁观者都有其角色发展的原因和过程，教师对这些深层原因讨论了解得越透彻，就越能更好地处理现实情境。培训中，可以让参训教师举出遇到的真实案例，然后进行深度分析。②学校和教师在预防校园欺凌中具有积极作用，培训中可以增加环节，让参训教师以小组的方式梳理现实校园的制度性环境（规定与政策）和非制度性环境（风气和文化）中有哪些会导致暴力的发生，有哪些可以预防或者降低暴力的发生。在培训中注意引导教师扩大资源意识，让教师提出一些可以助力预防校园欺凌的社会资源及相关教育教学活动。③根据芬兰学者的研究，持协同欺负态度的旁观者越多，班级的欺负行为就越多；持反对欺负态度的旁观者越多，班级中的欺负行为就越少。因此，关注旁观者，化消极态度为积极干预，是减少校园中暴力与欺负行为的有效方法[1]。培训中，可以增设环节引导参训教师思考并讨论，如应对校园欺凌，教育和工作的出发点应该是减少同伴欺凌还是增加人际友好，两者在现实的工作中应该如何平衡，教师应该做些什么。这些讨论能够拓展认识，为校园欺凌问题的解决提供更多策略和方法。

对于性别与校园欺凌的关系，教师也要多一些思考。一方面，性别刻板印象会给人带来认识偏见，进而会在人际交往中有意或无意地伤害他人。另外，发生此类欺凌时，会有更多旁观者，因为大家都会被性别刻板印象影响。这个问题对于青春期孩子产生的负面影响不容小觑。另一方面，这个年龄段的孩子，相互之间可能会有朦胧的情愫，也更容易被占有欲影响，因此有时会导致一种关系上的拉扯甚至欺凌的发生。

### 11. 第十一单元：早婚早育的危害

针对学生的教学设计基本适用于成人。针对学生的教学设计中用的是舒伯生涯彩虹图的简版，教师培训中可以用原版的生涯彩虹图，培训师带着参训教师进行一次生涯发展的反思与体验。本部分内容主要是针对部分偏远地区的初中生设计的，培训中注意提示教师要让学生自己梳理早婚早育的原因与危害，帮助学生提升自我效能感，建立积极的自我认同。

[1] 宋雁慧．关注校园暴力的旁观者［J］．当代教育论坛，2014（3）：24–29.

### 12. 第十二单元：正确认识艾滋病

针对学生的教学设计基本适用于成人。艾滋病防治的信息和材料非常多，国家也很注重相关宣传，尤其是每年 12 月 1 日的“世界艾滋病日”。但目前相关知识的传播仍然不够有效，这是因为人们对于艾滋病还有恐惧和歧视。在培训中要注意传递直接、具体的信息，要求教师把核心知识点简洁明了地传递出来，可以推选一些代表轮流在培训现场讲出这些知识。这种从被动的接受者变为教育的主体的方式，是赋权教育学的具体体现。

## 结语　融入学校教育体系

作为一个教育行动研究项目，我们编写了可参考的教材，培训了相对稳定的教师队伍，似乎也有了一套可以落实的机制，但除了项目的具体要求，如何结合学校的情况持续开展相关课程和活动依然面临很多困难和挑战。

挑战首先来自整个社会的性别意识发展。青春期性健康教育需要学校、家庭与社会的合力，虽然很多校长和教师认同这项工作，但人们的社会性别意识不强，对性教育的理解也不到位，甚至有的家长对学校开展性教育方面的课程有抵触。在现行的教育系统中，学校和家庭、教师和家长之间，尚未形成有效的交流与深度合作的机制。在偏远农村学校，留守儿童的性健康教育压力更大，相关师资也比较缺乏。如何将青春期性健康教育落实到学校教育中，需要思考和解决以下问题：

第一，由于学校教育本身任务很重，课程内容和课时安排得非常紧，把青春期性健康教育放到什么范畴（比如生命教育、心理健康教育等）下去落实和推广，其实还在探索中。

第二，从教育行政部门到学校再到教师，整个系统缺少推进的内在动力，也缺少制度的支持。青春期性健康教育课往往需要很多条件支持，如具有相关资质的教师，配套的性健康教育课程。有些敏感主题需要给女孩单独开课，则要协调、整合不同的班级，调动人员配置。

第三，青春期性健康教育的效果难以进行评估。青春期学生面临着复杂的社会环境，流行文化和网络的影响远比青春期性健康教育课程对他们产生影响的时间更长、作用更大。单纯的一个青春期性健康教育项目 / 课程带来的改变和效果很难在短期内得到显现，也不容易衡量。

第四，教师的青春期性健康教育专业能力也面临着挑战，到底能在多大程度上帮助青春期的孩子们解决实际问题，比如性的萌动、早恋等普遍的敏感性问题，早婚、早育等受民族习俗和传统文化影响较大的社会问题等，教师可能无法评估从而产生无力感。

因此，对于青春期性健康教育，如果学校难以开展系统化的课程，我们的项目及成果则提供了一种将其融入日常教育教学活动中的视角和方法，主要包括三个途径：第一，利用学科课程的相关部分进行有效衔接；第二，利用班会、课外活动、晚自习、节日活动等开展主题性健康教育活动；第三，在与学生的日常互动中，留意青春期学生的特点和心理需求，在潜移默化之中开展。

# 参考文献


[1] 郑新蓉．性别与教育[M]．北京：教育科学出版社，2005.

[2] 方刚．赋权型性教育：一种高校性教育的新模式[J]．中国青年研究，2013(10)：92–95.

[3] 韩央迪．以自我改变为特征的妇女赋权项目的路径探索：基于国际计划与《农家女》杂志社“妇女赋权”项目的实证研究[J]．中华女子学院学报，2008(2)：64–68.

[4] 教育大辞典编纂委员会．教育大辞典：第1卷[M]．上海：上海教育出版社，1990.

[5] 刘文利．小学全面性教育实践[J]．江苏教育，2017(96)：13–17.

[6] 芦鸣祺，刘文利．全面性教育发展的国际经验及启示[J]．新课程评论，2018(7)：176–185.

[7] 杨川林，许海燕．21世纪大学生性教育：原则、内容及其途径[J]．青年探索，2006(2)：38–40.

[8] 宋著立，黎艳，曾学毛，等．90后大学生性观念的特点与反思[J]．中国性科学，2012(10)：72–74，83.

[9] 何丽芸，杜莉，徐婷，等．中学生性与生殖健康知识、态度、行为状况调查[J]．中国计划生育学杂志，2018(1)：17–20.

[10] 姚佩宽．社会转型期青春期性道德教育的几个问题[J]．当代青年研究，1996(6)：26–29.

［11］张悦，林柔君，王亚平，等．沿海3省中学生性健康知识及需求状况分析［J］．中国学校卫生，2015（2）：213–216.

［12］任苇，苏昕，马星星．中学生青春期性教育现状调查报告：以潮汕地区为例［J］．中国青年政治学院学报，2007（6）：1–5.

［13］吴维屏．国外学校性教育研究和实践综述［J］．外国中小学教育，2011（11）：34–38.

［14］刘文利，刘爽．论我国普及中小学性教育的展望与实现［J］．教育科学研究，2019（7）：83–90.

［15］郭凌风，刘文利，李雨朦，等．全面性教育对基于性别的校园欺凌的预防作用［J］．教育科学研究，2021（4）：72–78.

［16］姚佩宽，董小苹，孙忠雄，等．上海中学生性发育、性意识的调查分析报告［J］．上海教育科研，1989（6）：30–35，29.

［17］吴阶平．必须重视青春期教育［J］．人民教育，1988（5）：5，31.

［18］杜建海，钱德祥．我国当代青春期性教育研究和实践［J］．上海教育科研，1988（1）：59–61.

［19］姚佩宽．论青春期性培养［J］．上海教育科研，1988（4）：1–4.

［20］刘文利．荷兰学校性教育模式及对我们的启示［J］．生物学通报，2008（1）：55–57.

［21］叶金辉，李文虎，雷良忻．国际青春期性教育模式概述［J］．广西社会科学，2004（9）：186–188.

［22］肖川，陈黎明．生命教育：内涵与旨趣［J］．湖南师范大学教育科学学报，2013（4）：30–36.

［23］冯建军．走向道德的生命教育［J］．教育研究，2014（6）：33–40.

［24］孙卫华，许庆豫．生命教育研究进展述评［J］．中国教育学刊，2017（3）：72–78.

［25］张卫民，王兵．从生命教育视角审视和建构幼儿园教育［J］．学前

教育研究，2019（4）：57–65.

［26］杨晓萍，刘海，雷吉红．重大疫情下儿童生命教育的内涵、价值及实施路径［J］．教育与教学研究，2020（3）：32–40.

［27］孟四清，刘金明．生命教育在美英等发达国家的缘起、特点及对我国的启示［J］．天津教育，2020（1）：14–17.

［28］子晨．女孩青春期手册［M］．北京：北京理工大学出版社，2013.

［29］张忠明．中小学心理健康教育教师指导用书：初中一年级［M］．石家庄：河北教育出版社，2015.

［30］姜善英．小女生身体的秘密［M］．刘晓薇，译．北京：金盾出版社，2014.

［31］钟淼淼，杜丽．妈妈送给青春期女儿的书［M］．2 版．北京：石油工业出版社，2008.

［32］杨曦．从女性主义的视角看现代女性整容［J］．长春教育学院学报，2015（11）：45–47.

［33］赵玥．青春期心理危机现状及预防对策［D］．呼和浩特：内蒙古师范大学，2011.

［34］付月平．文化话语视角下由整容看中国女性的生存困境［D］．杭州：浙江大学，2015.

［35］王国钧．闭锁性：青春期心理成熟的外部表征［J］．教育科学，2006（3）：95–96.

# 附　录

## 附录Ⅰ　一次教师试培训后的评价反馈

2016 年 5 月，中国滋根青春期女童性健康教育教师培训项目在北京师范大学进行了为期 4 天的课程培训，课程结束后，通过在线调查向参与培训的教师发放培训效果反馈问卷。

有 33 名参训教师参与问卷调查，共回收有效问卷 27 份。参训教师年龄在 25~44 岁，30 岁及 30 岁以下的教师共 14 人。参训教师来自云南玉龙纳西族自治县和河北青龙满族自治县，在民族构成方面，汉族教师 6 人、纳西族教师 6 人、侗族教师 6 人、满族教师 5 人，其余是苗族、傈僳族、瑶族教师（共 4 人）。其中，农村学校的教师占绝大多数，共有 23 人。

现将部分反馈结果呈现如下：

第 5 题　这次培训是否满足了您开展青春期性健康教育方面的需求？［单选题］

表Ⅰ-1　第 5 题调查结果

| 选项 | 小计 | 比例 |
| --- | --- | --- |
| A. 满足了 | 8 | 29.63% |
| B. 基本满足 | 17 | 62.96% |
| C. 部分满足 | 2 | 7.41% |
| D. 没有满足 | 0 | 0 |

第 6 题　本次培训是否提升了您开展青春期性健康教育的信心和勇气？［单选题］

表Ⅰ-2　第 6 题调查结果

| 选项 | 小计 | 比例 |
| --- | --- | --- |
| A. 有很大提升 | 18 | 66.67% |
| B. 有一些提升 | 9 | 33.33% |
| C. 基本没有提升 | 0 | 0 |

第 7 题　经过本次培训，在项目周期内，您预期能开设多少课时的培训？［单选题］

表Ⅰ-3　第 7 题调查结果

| 选项 | 小计 | 比例 |
| --- | --- | --- |
| A. 4 课时以下 | 7 | 25.93% |
| B. 4~6 课时 | 13 | 48.15% |
| C. 6~8 课时 | 3 | 11.11% |
| D. 8 课时以上 | 4 | 14.81% |

第 8 题　您认为哪种方式的支持对您来说更好一些？［单选题］

表Ⅰ-4　第 8 题调查结果

| 选项 | 小计 | 比例 |
| --- | --- | --- |
| A. 直接提供上课用的具体材料、PPT 等，我不需要额外加工就可以使用 | 5 | 18.52% |
| B. 提供课程的基本框架、内容、方法，我简单修改即可使用 | 18 | 66.67% |
| C. 提供课程的范本供我参考借鉴就好，我希望有更多的自主权来设计课程 | 4 | 14.81% |

第 9 题 您认为青春期性健康教育与哪些方式结合比较好？［多选题］

表Ⅰ-5 第 9 题调查结果

| 选项 | 小计 | 比例 |
|---|---|---|
| A. 班会活动 | 20 | 74.07% |
| B. 学科渗透 | 13 | 48.15% |
| C. 专门开设的性健康教育课程 | 21 | 77.78% |
| D. 其他 | 2 | 7.41% |

第 10 题 您认为哪些主题对您的学生是非常有用的？［多选题］

表Ⅰ-6 第 10 题调查结果

| 选项 | 小计 | 比例 |
|---|---|---|
| A. 青春期教育：为什么？是什么？怎么做分享圈 | 18 | 66.67% |
| B. 我从哪里来 | 23 | 85.19% |
| C. 青春期的变化 | 24 | 88.89% |
| D. 青春期的情感 | 25 | 92.59% |
| E. 性骚扰和性侵害 | 20 | 74.07% |
| F. 性萌动 | 17 | 62.96% |
| G. 性病预防 | 12 | 44.44% |
| H. 月经 | 24 | 88.89% |
| I. 校园暴力 | 22 | 81.48% |

第 11 题 对您来说，哪些主题开展起来难度比较大？［多选题］

表Ⅰ-7 第 11 题调查结果

| 选项 | 小计 | 比例 |
|---|---|---|
| A. 青春期教育：为什么？是什么？怎么做分享圈 | 2 | 7.41% |
| B. 我从哪里来 | 5 | 18.52% |
| C. 青春期的变化 | 4 | 14.81% |
| D. 青春期的情感 | 9 | 33.33% |

续表

| 选项 | 小计 | 比例 |
|---|---|---|
| E. 性骚扰和性侵害 | 14 | 51.85% |
| F. 性萌动 | 15 | 55.56% |
| G. 性病预防 | 13 | 48.15% |
| H. 月经 | 0 | 0 |
| I. 校园暴力 | 6 | 22.22% |

# 附录Ⅱ　教师培训设计方案

2018 年 8 月，项目组在云南省玉龙纳西族自治县青少年活动中心进行了为期 3 天的培训。培训开始之前，项目组进行了充分的讨论，形成了如下培训设计方案。

## 1. 培训设计思路

（1）一个理念：全面性教育。

（2）三个目标：让教师全面了解课程的框架结构和主题内容；让教师直观深度地体验和学习参与式方法；帮助教师提升开展培训的信心和能力，愿意且能够开展其中一些专题的教学及培训。

（3）十个专题：我从哪里来、青春期的变化、青春期的情感、青春期的情绪管理、月经及常见妇科疾病、遗精及心理调适、性骚扰和性侵害、校园欺凌和校园暴力、早婚早育的影响、艾滋病常识。

（4）两条途径：参与式活动体验、片段式教学演练。

（5）一种机制：专家与一线教师组成多个研修小组。

（6）几种方法：自我反思日记、每日总结反馈、研修小组活动、后续跟进支持。

（7）三个预期成果：培养一批能够在农村地区开展青少年性健康教育的教师；明确农村地区青少年性健康教育教师培训教材的内容与形式；探索适合农村地区青少年性健康教育的途径和方法。

具体设计如下：

第一天导论部分的培训作用：设置基调，打破迷思，建立信心。第一天和第二天导论及专题的培训作用：培训师示范，参训教师体验，让教师能直观地看到、感受到青春期性健康教育课是什么、如何上。

第一天和第二天示范培训的同时，把主题和导师分组，让参训教师根据自己学生的实际需求和兴趣来选择主题和导师，并且提前准备。导师带领参训教师在小组内充分研讨，进行教学课程设计，确定教学内容，设计活动形式，产出教学设计和片段式教学方案。

第三天片段教学与课程演练：以小组为单位，就不同的教学主题进行模拟教学，导师给予点评反馈，参训教师分享自己的设计思路和具体做法，借此检验他们对主题内容的接受和运用程度。

## 2. 培训日程框架

表Ⅱ-1 培训日程安排

| 日期 | 时段 | 主题 | 备注 |
|---|---|---|---|
| 8月22日 | 9：00—12：00 | 导论：认识青春期性健康教育 | 按照主题与导师分组，请教师根据实际需求和个人兴趣选择小组，并进行准备，导师带领各小组进行集体备课，设计并优化教学方案 |
| | 14：00—16：00 | 参与式活动与示范教学：我从哪里来；青春期的情感 | |
| | 16：00—17：00 | 反思与总结 | |
| | 18：00—20：00 | 教学准备与小组研修 | 小组活动、个人反思日记 |

续表

| 日期 | 时段 | 主题 | 备注 |
| --- | --- | --- | --- |
| 8月23日 | 9：00—12：00 | 参与式活动与示范教学：月经及常见妇科疾病；认识性骚扰与性侵害 | 各小组教学准备与小组研修 |
| | 14：00—16：00 | 参与式活动与示范教学：校园欺凌和校园暴力 | |
| | 16：00—17：00 | 反思与总结 | |
| | 18：00—20：00 | 教学准备与小组研修 | 小组活动、个人反思日记 |
| 8月24日 | 9：00—12：00 | 片段教学实操与点评交流：青春期的变化；青春期的情绪管理；遗精及心理调适；早婚早育的影响与危害；正确认识艾滋病（主题也可以选择前两天的内容，重新设计、同课异构） | 每组片段式教学+点评反馈、交流改进 |
| | 14：00—17：00 | | |
| | 17：00—18：30 | 反思与总结 | 课程回顾总结、行动建议 |

### 3. 培训重点

（1）此次培训的重点为帮助教师进行自身能力建设，激发教师的意愿和热情，即教师愿意开展青春期性健康教育，有方法有能力开展青春期性健康教育。

（2）通过导师示范、集体研修、教学演练等不同的环节和活动，教师可以充分感受、体验、实践，知道性健康教育课程是什么、怎么上，在“做中学”。之后，通过教学演练和试讲检验教师的学习效果。

（3）通过教师结合实践经验的反馈，给教学提供思路和建议。

### 4. 注意事项

（1）每天培训结束前设计反思交流活动，如采用倾听圈的方式把当天培训和学习中感受最深、不明白或者有疑惑的地方进行交流，或者以其他形式表达出来。

（2）培训结束后，可以考虑帮助教师组建在当地开展青春期性健康教育的研修小组，可以建议他们根据当地教研实际和个人兴趣组成研修小组，把全部单元都研习演练，写教学反思日记。

（3）在研修小组和教研日记的基础上，导师可以提供进一步的跟踪反馈与专业支持，最终形成当地教师关于农村青少年性健康教育学习共同体的意见，形成教师实施性健康教育的案例研究手册。

（4）给教师提供学习资源包，包括教案设计的打印稿、相关网址、相关资源等。

# 附录Ⅲ 一线教师的教学设计（三篇）

## 第一篇 校园欺凌

表Ⅲ-1 “校园欺凌”教学设计

| | | | |
|---|---|---|---|
| 活动主题 | 从校园欺凌的定义出发到校园欺凌的类型及预防<br>——以电影和现实生活为案例 | | |
| 主导专题 | 校园欺凌 | **涉及专题** | 校园欺凌的定义<br>校园欺凌的类型<br>预防校园欺凌 |
| 活动对象 | 九年级（55 人） | | |
| 活动目标 | 知识目标：理解校园欺凌的含义及表现形式，学会辨识校园欺凌的基本类型；分析和知晓常见校园欺凌的原因及危害；掌握预防和应对校园欺凌的实用方法；学会与校园内外人群的相处之道，构建尊重、平等、友好的校园环境；有过被欺凌经历的学生能重新认识自己的经历，得到疏解并走出心理阴影。 | | |

**续表**

| | |
|---|---|
| 活动目标 | 意识目标：培养学生远离校园欺凌事件，同时也不要成为施暴者的意识，共创平安校园。<br>技能目标：培养学生预防和远离校园欺凌的能力，同时培养学生交流合作的能力。<br>态度目标：能够直视校园欺凌问题及其危害，不要欺负弱者，也不要对校园欺凌忍气吞声，要用正确的态度和方式来反对校园欺凌。<br>参与目标：能够积极主动地搜集相关资料，活动中与教师、同学、小组成员积极互动，共享信息。以此体现教师为主导、学生为主体的教育理念。 |
| 活动准备 | 为了让学生对校园欺凌有更为深入的了解，组织学生进行以下调查任务，分三个小组准备：<br>第一组：以校园欺凌受害者为主。要求针对校园欺凌的不良影响寻找案例，并站在受害者的角度去思考，了解其真实的心理感受，认识校园欺凌的危害。<br>第二组：以校园欺凌施暴者为主。以校园欺凌施暴者为关注对象，搜集案例，并从中分析施暴者总共采取了哪些欺凌行为，引发这些校园欺凌的真正原因，施暴的主要目的等。<br>第三组：以校园欺凌事件为主。调查、搜集校园欺凌相关事件，分析校园欺凌发生时，事件中的受害者应该怎样做，怎样处理才能将伤害降到最小，甚至摆脱校园欺凌。<br>活动意图：通过调查和搜集材料，引导学生分析校园欺凌事件的原因、类型，帮助学生了解如何处理校园欺凌事件和远离校园欺凌，同时勇敢地对校园欺凌说“不”。<br>教师确定问卷调查的内容及搜集相应的视频和课件，通过图片对比、讲解等方法，帮助学生深入学习以现实为载体的校园欺凌事件及预防校园欺凌的意义。 |
| 活动形式 | 问卷调查、实地访谈、讨论 |

**续表**

| | |
|---|---|
| 活动过程 | 1. 认真查阅资料，认识校园欺凌。<br>此环节为课前准备阶段，课前组织学生开展资料调查，解决教师给出的问题。<br>2. 师生共举案例，引出主题。<br>师：看看老师给出的三张图片，你看到了什么，想到了什么？<br>（意图：利用图片和文字为本节课提供主题，同时也营造课堂氛围。）<br>师：同学们，你们能列举出和图片上类似的案例吗？能不能和大家分享一下？<br>生 1：某电影的女主角……<br>生 2：上星期某某和某某的打架事件……<br>师：女孩小玉在一所初中就读，学习成绩一直中下，因此不太受老师重视。小玉的父母因为工作很忙，对她的生活缺少照顾，因此有的同学总在班级里甚至 QQ 群里嘲笑她。小玉喜欢历史，但是同学中有相同兴趣的人比较少，所以，常常和大家聊不到一块儿。一次，班里的男生欺负一个男生小 A，小玉站出来替小 A 打抱不平。但是，这次事件之后，小玉发现自己成了男生们欺负的对象。面对小玉的境况，班里的女同学有点同情，但是又惧怕男生的力量，所以，她们只能眼睁睁看着男生欺负小玉。面对男生的欺负，小玉总是选择反击，比如后座一个学习成绩比小玉好的男生总会故意把桌子往前挤，被挤到无处可坐的小玉会选择直接把桌子推回去。但是发生冲突之后，老师却总是批评小玉。这个时候，小玉和父母的沟通也出现了问题。老师打电话给小玉的父母，介绍了她在学校的表现，尤其是学习成绩下滑的问题，父母又生气又着急。正好这时候，家里的一块玉不见了，父母便以为是小玉偷的。其实，是小玉为了中考顺利，把玉压到了自己的枕头底下。虽然后来玉的事情水落石出，但是父母并没有表示出歉意。事情发展到这种程度，小玉怎么也想不明白，为什么自己会有这样的遭遇？她越想越绝望，就跑到厨房，拿起菜刀，在自己手腕上划拉了几下，但是，感受到疼痛的小玉没有继续。幸亏，小玉的妈妈及时发现了菜刀的异常，才发现了问题。最终，小玉还是从这所学校转走了。<br>（意图：让学生在交流中学习，引发学习兴趣，从而引出活动主题。）<br>师：同学们，请看这个案例，各小组选择小玉故事中的一个角色，讨论分析该角色的心理状态和行为特征。<br>生 1：…… |

**续表**

| | |
|---|---|
| 活动过程 | 生2：……<br>师：你们说得太对了，那么这节课我们就来确定一下学习主题——校园欺凌。<br>3. 陈述调查，初步讨论。<br>师：同学们，讨论你们搜集到的资料，分享校园欺凌的含义与类型。<br>学生读出定义：中小学欺凌是发生在校园内外、学生之间，一方（个体或群体）单次或多次蓄意或恶意通过肢体、语言及网络等手段实施欺负、侮辱，造成另一方（个体或群体）身体伤害、财产损失或精神损害等的事件。校园欺凌有多种表现形式，包括言语欺凌、身体欺凌、社交欺凌以及网络欺凌。<br>师：看电子白板，快速抢答。<br>（1）给同学起外号，是校园欺凌吗？<br>（2）家长或老师说："你看人家小明学习多好，你真是笨死了。"是校园欺凌吗？<br>（3）男生小鲁经常在楼梯口、去厕所的路上对女生小董说一些奇怪的话，如"你是我老婆""你跟我走啊"等，是校园欺凌吗？<br>（4）每次考试只要阿美的成绩比阿宏好，阿宏就会跟其他同学说是阿美作弊，这是校园欺凌吗？<br>（5）小强家庭经济情况不好，脚上穿的袜子总有窟窿，宿舍同学总在他脱鞋的时候偷笑，弄得他很尴尬，想辍学，是校园欺凌吗？<br>（意图：通过案例，形象生动地将校园欺凌展现给学生，以激发学生的思考。）<br>师：出现针对小玉的欺凌行为后，可以采取哪些行动？请大家给小玉出出主意，续演故事。（学生情景剧表演）<br>教师针对学生的表演做分析和总结，并展示校园欺凌类型的定义。<br>4. 小组交流汇报，深入探讨。<br>师：校园欺凌产生的原因是什么？施暴者要承担怎样的责任？<br>生：……<br>教师总结。<br>师：大家总结一下，如何预防校园欺凌事件？<br>生：遇到校园欺凌，一定要沉着冷静，采取迂回战术，尽可能拖延时间。<br>（1）必要时，向路人呼救求助，采用异常动作引起周围人的注意。人身安全永远是第一位的，不要去激怒对方。 |

**续表**

| | |
|---|---|
| 活动过程 | （2）顺着对方的话去说，从其言语中找到可插入的话题，缓解气氛，分散对方的注意力，同时获取信任，为自己争取时间。<br>（3）上下学尽可能结伴而行。<br>（4）穿戴用品尽量低调，不过于招摇。<br>（5）在学校不主动和同学发生冲突，一旦发生冲突要及时寻求老师的帮助。<br>（6）独自外出时，不要走僻静、人少的地方，要走大路。放学路上不要贪玩，要按时回家。<br>5. 课堂总结。<br>师：大家总结今天所学的主题知识，并写课后心得体会。 |
| 问题解决 | 课前组织学生围绕校园欺凌进行了资料调查和案例分析，同时利用网络查阅资料，让学生对校园欺凌知识有初步的感知和了解。在课堂上，学生大胆地交流自己内心的真实想法，丰富了本节课的教学内容，学生也互相学到了许多东西。<br>此外，借助情景表演让学生亲身体验校园欺凌的危害，从而明白掌握校园欺凌相关知识的意义。 |
| 活动反思 | 让学生通过本次活动了解校园欺凌的含义、类型以及如何预防校园欺凌等。<br>本节课从总体上看，学生学习积极，师生互动氛围良好，教学目标已经达到。但这样的课上的次数毕竟还是不多，教师对校园欺凌知识教学的经验不足，需要今后不断改进和努力。 |

课例回顾与分析：

上课之前，教师布置了调查任务：让学生从受害者、施暴者、欺凌冲突事件三个角度搜集案例。这一设计能够让学生自主开展调查和讨论，也能激发学生对于身边欺凌事件的关注。

课上先通过图片导入校园欺凌的话题，随后介绍具体案例，并组织学生分析案例中不同角色的心理状态，然后过渡到学生身边的案例，让学生分享课前搜集到的案例故事，从中深化理解校园欺凌的含义和类型。之后，开展抢答活动，巩固学生对于校园欺凌的认识。在此基础上，探讨面对校园欺凌时应该如何应对和处理，并让学生通过续演小玉的故事来呈现讨论结果。接下来，让学生探讨校园欺凌的成因和危害。最后，大家共同总结应对校园欺凌的方法和注意事项。

该课例紧扣了校园欺凌的三个核心问题：什么是校园欺凌？校园欺凌的成因和危害有哪些？如何进行防范？教师给出的知识点明确，也能调动学生结合案例进行讨论。不足之处是对于旁观者问题关注不够。另外，学生搜集的案例可以更好地利用，比如针对这些案例探讨成因和预防措施，还可以让大家直接表演如何应对身边的校园欺凌事件。

## 第二篇　女孩青春期的秘密

**1. 问题提出**

一直以来，对于女孩青春期、生长发育甚至是性的问题，大多数人都是避重就轻。当女孩处于第二性征发育阶段，身体、心理都产生巨大的变化，她们感到烦恼痛苦，却又不知道自身的变化是怎么回事，想向别人求教又羞于启齿，有时候只能通过一些不正规的渠道去寻找答案，获得的却是错误的、曲解的甚至不健康的信息，这不利于她们身心的健康成长。为此，开设青春期性健康教育课不仅能帮助她们了解身体的变化，还能帮助她们解决青春期的困惑。

**2. 活动目标**

（1）认识青春期身体发生的一些变化，并体验由此引发的一些困惑和烦恼。

（2）探讨正确应对青春期困惑和烦恼的方法和途径，引导学生顺利度过青春期。

（3）通过课前小组内资料的搜集与整理，提高学生分析问题、解决问题的能力，合作与交流的能力。

（4）帮助学生树立正确的人生观和价值观，形成正确的价值取向，摒弃不健康的生活习惯及行为方式。

**3. 活动形式**

查阅资料、小组交流。

**4. 活动准备**

多媒体课件，青春期生理图片，学生搜集的关于青春期发育的资料。

**5. 活动过程**

（1）知识屋——青春期生理知识认知。

①欣赏歌曲《我不想长大》。

谈话：同学们，你们想长大吗？不管你们愿不愿意长大，成长是每个人都必须经历的，我们必须正确面对它。

②小组讨论：结合课前搜集的资料进行交流，主要围绕“我们现在已经六年级了，现在的我们和一二年级时的我们在身体方面有了哪些变化”。

③汇报展示：

生：身高突增。长得快，上半年能穿的衣服，下半年就显得小了。

生：体重显著增加。

生：体态发生变化——男女有别。

生：肺活量显著增大。

④在学生交流的基础上，教师给予科学的生理知识介绍：

a. 什么是青春期？

有了这些变化，说明已经进入青春期了。青春期的女孩在体态、相貌、声音等方面都有明显的变化。青春期是身体发生变化、开始具有生殖能力的生命阶段。

青春期的一件棘手的事情是，不同的人的青春期开始的时间是不同的。有一些女孩 9~10 岁青春期就开始了，而有一些女孩则可以晚到 16 岁。男孩青春期开始的时间通常比女孩晚。虽然不同的女孩会在不同年龄经历青春期，但变化类型是相同的。

b. 女孩在青春期的发育。

9~15 岁：迅速长高。

10~13 岁：乳房增大，臀部变大。

10~14 岁：阴毛和腋毛生长。

11~17 岁：月经开始。

教师小结：同学们，第二性征的出现，是人类在生长发育的过程中，特定阶段出现的正常特征，不同的个体在发育中是有差异的，当这些特征出现的时候，同学们的心理也会发生变化，常常会感到困惑。

（2）心情故事——体验进入青春期的一些心理变化及困惑、烦恼。

①小组交流：学生在组内分享准备好的心情故事。

②全班展示：每个小组推选出一个较典型的故事进行全班交流。

生：在小学五年级，多数女孩还没来月经，于是少数来月经的女孩总被其他同学嘲笑。一方面，来月经时会腹痛，如遇体育课，还要坚持进行跑步、跳绳等运动（生理痛）；另一方面，同学当面或背后笑话，有的女孩还会翻看来月经女孩书包里的卫生巾（心理痛）。

生：小学四年级下学期，一个女生来了月经。她是班里第一个来月经的女生，心里很害怕，也怕让同学知道，但同学还是知道了。一个男生说“她要生孩子了”，她听到后哭了，并且不愿来上学。

生：五年级有一个女生，光彩靓丽，从小就有很多人夸她漂亮，但是很多情况下她都十分冷静，那时的她很自信。但是今年她来月经了，从此不喜欢出门，尤其是月经期间。后来才知道，她觉得自己来月经后就不漂亮了。

生：四年级时，我的胸部由原来的扁平逐渐变大，乳头也凸起了，穿衣服特别难看，所以我平时走路都不敢挺直身体。夏天时，穿的衣服少，就会更加明显，所以我就穿两件，特别热也不敢只穿一件。

师：其实同学们说的这些都是青春期的正常变化，根本不用烦恼，老师反而要恭喜你们，因为你们已经进入青春期了。青春期是人生中最重要、最灿烂的年华，每个人都会经历青春期，要做好充分准备，才能有助于自己更健康地成长。

到了青春期，卵巢中的卵子开始发育成熟，并从卵巢内排出，称为排卵。当人体内成熟的卵子排出后未受精，增厚的子宫内膜因缺乏激素的支持而剥落、出血，血液与脱落的子宫内膜组织一起经阴道流出体外，这就形成了月经。第一次月经称为初潮，初潮后月经常常不规则，可能要半年、一年后才逐渐形成有规律的月经周期。

（3）智慧屋——集思广益，寻求解决困惑的方法和途径。

①小组交流：说说自己曾经用过什么方法解决过什么困惑、烦恼。

②小组探讨总结出有效的方法。

③教师对学生的探讨结果给予正确的引导，并根据情况给予一些科学的方法及途径的指点。

（4）未雨绸缪——避免不当行为。

①学生主要围绕以下问题畅所欲言：

a. 经期如何保健？

b. 青春期的我们，往往会出现哪些不当行为？

c. 对于这些不当行为应怎样去纠正？

②教师总结：关于月经、经期保健、痛经缓解的注意事项。

（5）结束寄语——写体会、读诗歌。

①畅谈收获。教师要求每个小组进行总结整理，让学生把自己的收获心得写在收获卡上。

②学生朗诵。

如梦的妙龄，充满了神奇，蕴含着迷惘；

似火的青春，燃烧着激情，更催人奋发。

用崇高的理想，去描绘美好的人生蓝图；

以高尚的情操，来赢得甜蜜幸福的人生。

③结束语：青春是多彩的，让我们一起快乐地成长。

**6. 问题解决**

本节课学生学习的积极性很高，对月经这一生理现象有了一定的了解，对待青春期有了正确的认识，对于自我更加认同，保护自我的意识更强烈。

**7. 活动总结**

这节课学生学习的积极性很高，经过一系列活动，学生学习了一些有关青春期生理及心理发育的知识，对月经这一生理现象有了一定的了解，对待青春期有了正确的认识。这节课对于女孩了解如何保护自我起到了积极的推动作用。更重要的是，这节课的前期准备加强了学生之间的相互合作与交流（包括组内和组间交流），这种交流与合作使学生的交往能力得到了一定的提高。

**8. 课例回顾与分析**

该课例是针对六年级女生设计实施的，教学过程自然流畅，学生参与度高。导入部分，教师通过歌曲引入主题。然后让大家结合课前的准备交流青春期的变化，教师进而介绍了有关青春期的基础知识。之后的活动是心情故事，多位学生分享了青春期的小故事，尤其是月经和胸部发育带来的烦恼，还提到了“生理痛”和“心理痛”两个方面。随后，教师讲解了月经的形成及周期，并带着学生交流了经期保健问题。这节课有两个主题，一个是青春期的变化，另一个是经期保健。由于都是女生，对于青春期的烦恼交流得比较深入，也能自然过渡到月经主题。两个主题衔接，也使得月经烦恼和青春期女孩的内心世界联结了起来。但也因为如此，月经的讨论中延伸了三个问题：经期如何保健？青春期的我们，往往会出现哪些不当行为？对于这些不当行为应怎样去纠正？当然，教师在课堂上可能讲的是经期保健上的不当行为。从本节课教师上课的逻辑来看，第一个问题是经期如何保健，第二个问题就应该是月经保健的不当行为是什么。所以，教师上课的时候第二个问题可以更加聚焦一些，明确指出：“青春期的我们，在月经期往往会出现哪些不当行为？”

课例中还有写收获卡的环节，并且进行了小组分享。最后通过诗歌朗诵，激励学生为理想而努力。找一些合适的诗歌来朗诵是很好的方法，可以让学生推荐。

如果时间允许，青春期的变化和月经两个主题最好分开讲，否则就要考虑以哪个为主，如以青春期的变化作为导入，重点放在月经上。这节课的亮点在于小组内分享学生准备好的心情故事，深入、具体、鲜活，从学生的反馈来看，教师在这里应该是做了引导，比如“青春期女孩最大的变化是月经来了，在这个阶段，大家有什么样的烦恼和心情故事呢？”，这样整体的过渡才会更加自然。

## 第三篇　我眼中的男孩和女孩

**1. 基本描述**

本课涉及三个方面的内容：一是男女性别角色问题，二是男女差异问题，三是男女同学如何交往问题。五、六年级的学生正处于青春期前的心理懵懂期，教师要事先了解学生的心理特点，首先端正学生的认识态度，然后再加以指导，注意正确的导向。教师要引导学生在讨论与活动中自主构建并树立科学的性别意识与性别角色，感悟与把握和异性同学交往的原则与方法，增进男孩女孩之间的相互理解。

**2. 学习目标**

知识目标：理解生命赋予我们的不同角色、特点，分别了解男孩、女孩的可爱之处，并且学会互相理解、互相欣赏、互相尊重、正常交往；关注每个孩子的内心世界和主体人格。

能力目标：在活动中培养学生用正确的方法解决现实问题的能力。

情感、态度、价值观：培养学生阳光、快乐的心态和正确的学习路径。

**3. 背景介绍**

五、六年级的学生正处在青春期发育的前期或初始阶段，有必要获知有关青春期的生理和心理知识，以便顺利度过成长的关键时期。

随着改革开放和商品经济的发展，我国人民的生活水平得到质的提高。我国女孩月经初潮、男孩首次射精的年龄明显提前，即性成熟前倾。目前，我国青少年的性成熟年龄比 20 世纪六七十年代提前了 2~3 岁。

**4. 教学过程**

（1）首先以两幅对比图（一幅是男孩欺负、捉弄人，另一幅是男孩乐于助人）切入，让学生思考怎样才是真正的男子汉。接着又以女孩们的讨论引出：什么样的女孩最可爱？这两个问题可以说是本课内容的中心，教师要引导学生建立男孩女孩的角色概念，刻画出大家心目中最棒的男孩女孩的形象。

（2）课中体验，深化感悟。

活动：玩“梳辫子”和“掰手腕”的游戏，男女进行比赛。

师：通过刚刚的游戏，你感受到了什么？

①说一说男孩有哪些优点？女孩有哪些优点？

②说一说男生有哪些缺点？女生有哪些缺点？

小结：男孩女孩各有各的可爱之处，也都会有一些不足，我们应该正确认识自己的不足，加以改正，使自己的优点越来越多。

活动：设计“最棒的男孩，最棒的女孩”的形象。

师：你们认为什么样的男孩才是真正的男子汉？什么样的女孩最可爱？把你心目中最棒的男孩或最棒的女孩的形象设计出来，描述给大家听听。

教师展示学生设计的形象。

师：为了让自己成为更优秀的人，大家觉得我们班的男孩和女孩在今后的相处中，应该注意些什么？

教师小结：生命赋予我们不同的特点，男孩女孩各有各的可爱之处。我们要相互理解、相互欣赏、相互尊重，生活才更加充满情趣。

（3）教师讲解男女生青春期性征。

①人生来就有的、先天形成的男女性器官的差异，称为第一性征。

②人到了青春期以后，男女在身体形态、生理功能、内分泌、心理、行为等方面发生突变，最为明显的是生殖系统迅速发育。青春期是性成熟阶段，是决定身心发育的关键时期。男生在青春期的变化表现在阴毛、腋毛、胡须、变声、喉结、遗精出现等方面，女生表现在阴毛、腋毛、体态、乳房发育、月经初潮出现等方面。

③女性青春期比男性平均早 1~2 年。

④教师讲解男性生殖系统，并简要介绍各部分器官的功能。让男生以正确的态度面对自己的青春期变化，使其了解到遗精是男性性成熟的一个标志，是一种正常的生理现象，以此普及男生的青春期性保健常识。

⑤教师讲解女性生殖系统，并简要介绍各部分器官的功能。向女孩普及月经的生理原理、痛经的应对方法，引导学生注意经期的卫生、保暖及营养等。

女性主要的生殖器官有输卵管、卵巢、子宫、阴道，男性主要的生殖器官有睾丸、输精管、附睾、精囊和前列腺等。

（4）教师讲解月经、遗精的相关知识。

①女孩的月经初潮。

a. 月经的生理原理。女性在人类繁衍中担负着生育的任务。女性的子宫是生育子女的一个重要器官，子宫内有一层薄膜，如果没有受精卵着床，这层薄膜就会脱落，排出体外就是月经。女孩有月经了，生理上是可以怀孕了，但如果怀孕年龄太小，对身体的伤害是很大的，所以女孩要注意保护自己。

b. 痛经及应对方法。

c. 注意经期的卫生、保暖及营养。

②男孩遗精。

a. 男孩遗精的原理。男孩进入青春期后，睾丸开始产生精子，精子产生后就存在精囊里，若储存过多就会溢出体外。遗精是男性性成熟的一个标志，是一种正常的生理现象。

b. 男生如何注意遗精卫生。

c. 男生青春期性保健常识。

（5）活动：邀请会。

男女同学互相邀请对方参加平时接触较少的活动。

教师小结：同学们，生命赋予我们不同的特点，男孩、女孩各有各的可爱，通过以上活动，男女生在以后的交往中应该相互理解、相互欣赏、相互尊重，在交往过程中要端正态度，正常交往，培养健康的交往意识，淡化性别意识，也就是刚才有的同学说的“就像男生跟男生、女生跟女生交往一样”。

首先，要端正态度，异性之间需要正常交往，培养健康的交往意识，淡化性别意识。

其次，在交往的过程中，要学会学习对方的长处，相互学习，取长补短，共同进步，有困难的时候互相帮助。

最后，交往关系要疏而不远，要把握好两人交往的心理距离，就像有的同学说的“毕竟男孩和女孩不一样”。

**5. 课例回顾与分析**

这是针对小学高年级学生的一节性别教育课，讨论了“怎样才是真正的男子汉”“什么样的女孩最可爱”这两个问题。以两幅对比图导入，形式新颖。然后让大家把心目中最棒的男孩或最棒的女孩的形象设计出来，并进行交流。这个环节设计得很生动，学生的表达也比较多样，甚至出现一定的性别刻板印象。接着教师讲解了男女生的青春期生理特征，讲完女生的生理变化之后也谈到了男生的遗精现象。最后让男女同学互相邀请对方参加平时接触较少的活动，如让男生做手工，让女生踢足球等，这有助于打破性别化的行为模式。

这节课对于消除性别刻板印象具有一定意义，但是“怎样才是真正的男子汉”“什么样的女孩最可爱”本身就是具有性别暗示的话语，可修改成更为中性的话语，比如“大家喜欢的 / 优秀的男生和女生各有什么特点”。如果学生回答的男生和女生的特点非常不同，这也是性别刻板印象的一种体现，教师在教学中要注意指出并进行引导。这个主题的目的在于教师引导学生思考、理解性别刻板印象对自己的影响，鼓励学生能够有所突破。本课虽然能够在一定程度上让学生理解性别刻板印象在生活中的表现，但课堂整体还是在一个大的性别刻板印象之下进行讨论，上这样的课要求教师认真学习社会性别方面的知识，并能将其中的观点和学生进行分享。

# 附录Ⅳ 专家培训资料（三篇）

## 开展性教育的常用方法：倾听圈

（Lauren Ila Misiaszek[1]、万心珂）

同伴教育是健康教育、心理教育的常用方法。不同于教师灌输式的讲授，同伴教育以平等、尊重、理解、包容等为核心，教师和学生通过对话等交流方式，讨论健康教育的种种问题，解决学生人际关系中的种种冲突，解开学生发展过程中的种种困惑。因此，在性健康教育中，教师可以在教学中采用这种方式。接下来，我们将介绍一种同伴教育的方法——倾听圈。

**1. 什么是倾听圈？**

倾听圈是一种鼓励深层次真诚交流的关系艺术实践，基本形式是主持者和参与者围着一个或几个中心物坐成一个圆圈，通过传递“说话签”的方式，以故事为主要内容回应主持者提出的问题。

**2. 倾听圈的初心**

倾听圈和一般的圆圈式讨论有许多重要区别。倾听圈有四个主要意图，或者更确切地说是初心，在进行倾听圈时，每一位参与者都要将这四点初心谨记在心。

[1] Lauren Ila Misiaszek 为北京师范大学教育学部外籍教授。

（1）用心倾听。

倾听圈与一般讨论的本质区别就是它以倾听为目的，诉说和讨论并非它的核心。用心倾听的意思就是推迟判断，即用一颗开放包容的心去倾听他人，只需要“吸收”他人所说而不用做出任何回应，即便你并不同意他人所说的观点。我们总是习惯于把他人对我们说的话进行类别化，贴上各种各样的标签，进行价值判断，并想方设法地在脑海里预演我们应该如何回应。但这些都被排除在倾听圈的倾听艺术之外，我们必须通过倾听去理解个体之间的差异，简单来说，就是在用心倾听时你的脑子里没有其他任何多余的想法。这对教师来说尤其困难，因为我们总是被训练如何快速回应学生，总是期盼从学生那里得到“正确”的答案，即便是在我们倾听的时候，脑子里都在准备下一步要问的问题。因此，学会倾听，是倾听圈的第一步。

（2）真诚诉说。

真诚诉说意味着诚实，说的目的不是为了去迎合他人，或是给别人留下深刻印象，而是陈述事实。这和后面提到的“即兴发言”紧密相连。在这样一个竞争激烈的快节奏社会里，我们往往觉得自己被强迫着去加工我们将要说的话，以向他人传递最精简、最准确的信息，所以我们往往不是在真诚诉说。在现代文化中，敏捷的妙语连珠被高度评价，而审慎的沉默却被忽视，所以倾听圈给予了我们这样一个脱离快节奏的紧张对话关系的机会。当某个参与者拿到“说话签”，可以进行一次深呼吸，在内心默默重复一次倾听圈所关注的问题，想想可以为这次倾听圈的主题贡献什么。教师需要提示学生，诚实地诉说往往比回应倾听圈提出的问题或主题更重要，所以教师提出倾听圈的主题时，可以这样措辞：“给我们分享一个在你人生的某一刻你感到拥有了一个真正朋友的故事，或者任何其他你想说的。”

（3）即兴发言。

也就是说，等到“说话签”传到手上之后再决定自己要说什么，在此之前我们都需要全身心地投入倾听他人之中。这样做有两个很重要的原因：第一，如果在他人说话时去想自己要说的内容，就没办法用心倾听；第二，不去刻意准备要说的内容，往往即兴说出来的内容更令人感到惊喜。这就是倾听圈“魔法”起作用的时刻。教师通常依赖于一定的可预测性，我们习惯了朝着特定的方向组织问题。在倾听圈中，我们并非鼓励教师去引导一种无序的自由，相反，倾听圈是一种高度规则化的结构，我们鼓励学生在倾听圈里练习即兴发言，暂时抛开以特定标准或目标为导向的传统教学，在这样的“不分明”甚至带点“小混乱”的情境下，学生往往会得到许多创造性的发现。

（4）简洁表达。

简洁表达是说不要让你的故事没完没了，要说最核心的内容。这是让我们意识到倾听圈中还有其他人，而且时间十分有限。这可能让人觉得与真诚诉说和即兴发言的意图相违背，但简洁表达并不是限制说的内容，只是要求所说的内容里已经表达了最核心、最本质的东西即可。作为教师，我们往往习惯于多次阐释所要讲解的内容，甚至还习惯于让学生重复我们刚刚讲过的内容，但是，在倾听圈里，我们需要尝试着去发展“第一次表达”，首次表达就是最好的表达。

### 3. 倾听圈的构成要素

倾听圈不可缺少的五个要素是一个圆圈、一个中心、一个“说话签”、一个开头的标志和一个结尾的标志。

（1）一个圆圈。

圆圈是倾听圈最基本的元素，为什么要使用圆圈呢？因为圆圈营造了一种平等的氛围，这是实践民主的一种重要方式，一种听到所有人声音的重要方式。要想建立一个强有力的倾听圈，每个人都必须能够被看见。

在教室里布置一个圆圈也给教师提出了挑战。有条件的话，可以将教室的桌椅都移到一边，留出一片空地，用一张大的垫子，或每人带一个坐垫，大家围坐在地上，这样让大家有舒适、放松的感觉。如果没有这样的条件，可以将桌子移开，把板凳围成一个圆圈。倾听圈需要营造宁静、舒适、干净、免受外界干扰的环境，教师可以在教室门口挂上一个牌子，写上“正在进行‘倾听圈’，请勿打扰！”。

（2）一个中心。

圆圈的中心是倾听圈区别于其他类型的圆圈式讨论的关键。这一个中心可以是一些来自自然的东西，如植物、石头等，还可以放上“说话签”和一些由学生贡献出来的物品。这些都可以用来装点这个中心，代表这个中心是大家共有的，是平等和尊重的象征。

除此之外，这个中心还有更重要的一层含义，是一种总体力量大于部分之和的象征，这就是为什么倾听圈团体需要尊重、敬畏这个中心力量。具体来举两个例子。在一个学校教师和行政人员举行的主题为“学校教育需要什么”的倾听圈中，在“说话签”完成一轮传递，每个人都说完以后，这个“说话签”被放回中心，然后主持人问出了这样一个问题“如果倾听圈（的中心）自身可以说话的话，它会说什么？”，这个问题的答案将和“你认为学校需要什么？”的答案完全不同，这会将我们从每个人的个人想法中抽离出来，让我们从一个更整体的角度、更广大的格局去思考这个问题。另外一个例子，一对夫妻在倾听圈里分享他们对于感情的体验，当他们说完自己的内容以后，将“说话签”放回了中心，然后他们思考“这段感情需要我们做些什么”，这和从他们两个个体视角来思考这个问题完全不一样。因此，倾听圈有两种关键意识：①被强调的自我意识和（倾听）他人的意识；②倾听圈作为一个整体的意识（中心的意义）。

（3）一个“说话签”。

“说话签”是一个象征着这个团体愿景和意图的标志，标志着一个人诉说故事的开始和结束，确保每一个说话者都有充分的时间完成陈述，在不同说话者之间预留停顿时间，让他人有机会去消化之前的内容，随时提醒我们不能打断别人，暂留自己的判断。我们告诉参与者：“如果你在倾听圈中感到困惑、迷失，请寻找这个‘说话签’，它会告诉你你的注意力应该放在哪里。”拿到“说话签”的人可以选择保持沉默，然后传递给下一个人。最重要的是，在没有人说话的剩余时间里，它被放置在中心，代表了倾听圈本身启发性的、真诚的交流潜力。

任何事物都可以作为“说话签”，比如羽毛、石头、木板、鲜花、毛绒玩具等。一些会发出声音的东西，如拨浪鼓、摇铃等，可以用来当作暂停分享的标志。

（4）一个开头的标志。

倾听圈的开头不同于其他平常讨论的开头，有摇铃、将杯子里的水倒入碗里、将石头扔进水里、点燃蜡烛、拍手、唱歌、击鼓等。比如，一群幼儿园的小朋友通过将小石头扔进中心的碗里作为开始的标志；一群六年级的学生，一个学生转向第二个学生，两人同时击掌，第二个学生转向他左边的学生，重复这个动作，依次进行传递，以此为一个轮回，作为倾听圈的开始；一群高中特殊教育的学生选用一个小手鼓，每个人在上面敲出一个简短的节奏，然后依次传递下去；一群大学生，每个人走到中心，做一个一句话献词（Dedication），这个献词可以是沉默的或是分享出来的，可以是对一个生病朋友或亲人的祝福，或者分享一件学校里、个人关系中甚至世界上最近发生的某件事情，还可以简单地说“我希望今天的倾听圈是一个好的倾听圈”“我希望大家在下周的考试中取得好成绩”等。

（5）一个结尾的标志。

不能简单以下课铃来作为一个仓促的结束，要有始有终。首先，要以这个团体的需要来决定结束的方式，是总结吗？是制订下一步计划吗？是要表达感谢吗？都可以。接着，主持人要明确这次倾听圈进行到哪里了，如果是未完成的状态，要给予说明，以便下一次再做的时候能够有连续感；如果完成了，可以创造一个让每个人给予一个结束语的机会。最后，以一个正式的、仪式性的姿势结束，如团体的感谢、欢呼等。

#### 4. 倾听圈的流程（结合实例）

（1）倾听圈最常见形式的简要流程：布置圆圈和中心——开始（运用特定的标志，如摇铃、献词等）——主持人提出围绕主题的问题—— 一句话陈述为主的第一轮分享——故事为主的第二轮分享——旁观者的分享——结束（运用特定标志）。

（2）倾听圈的另一种常见形式名为“神秘问题”，基本步骤为：布置圆圈和中心——开始（运用特定的标志，如摇铃、献词等）——参与者写下自己关心的“神秘问题”——旁观者分享——归纳问题、总结主题——主持人围绕这些主题提问——以故事为主的分享——旁观者分享——反思——结束（运用特定标志）。这一方法，在性健康教育中显得格外重要，是了解学生关心的性健康教育问题的重要方法。下面用一个例子进行展示：

在倾听圈进行的前一天，让参与者在卡片上写下自己最关心的一个性健康问题，然后将这些问题收集在一个篮子里。在开始倾听圈以后，将篮子作为“说话签”，让每个参与者从篮子里抽出一张卡片，读出上面的问题，就像这些问题是自己的问题一样，主持人需要提醒整个团队去“爱这些问题”，认真倾听这些问题，但是不要轻易给出答案。在听完所有人的问题以后，主持人引导参与者用旁观者分享的方式，提出这样一个问题：“在所有的我们刚刚听到的问题之中，哪些是和你有共鸣的？”这些问题就是性健康教育的“课程”。

这一轮以后，主持人带领参与者将所有的问题归类，总结出每个问题的指向，比如“我知道一个朋友遇到了麻烦，需要帮助，但她不让我告诉其他人，我应该怎么办？”，这个问题的主题指向就是保密、隐私、责任、友谊、承诺。在归纳完所有话题后，通常会有 5~10 个关键词，那么主持人这时就围绕这些关键词进行以故事为主的提问，如关键词为“隐私”，那么主持人可以说：“现在有没有人愿意和我们分享一下生活里有关隐私的故事呢？”“说话签”进行新的一轮传递。故事分享结束以后，可以再进行旁观者分享，让倾听者们分享在倾听的过程中引发共鸣的点、关键词等。这一轮结束以后，可以将“说话签”放回中心，让参与倾听圈之后有感悟的人拿起“说话签”，分享自己的反思，最后结束倾听圈。

以上是倾听圈的两种基本模式。总之，倾听圈的基本环节包括一个特别的开头、围绕主题的故事分享、旁观者分享、一个特别的结束，在这四个基本环节之外，主持人可以根据特定的要求自由发挥。

其他的一些倾听圈的方式还包括：①让两个人坐在中心，其他参与者在外围坐成圆圈，围绕特定的主题，让“说话签”只在这两个人之中传递，让他们分享自己对特定问题的想法，如前面列举的一对夫妻谈自己对夫妻关系的看法。在中心的两个人分享完以后，进行旁观者分享，让他们分享自己在倾听过程中产生共鸣的关键点。②人多的情况下，可以采用大型倾听圈的方式。将所有人分为几个小的倾听圈，每一个倾听圈选出一个代表，作为发言者，围绕主持人提出的问题进行分享，其他所有人就是倾听者和旁观者，在旁观者分享的环节，让愿意分享自己感受的参与者分享感受。③微型倾听圈可以在只有两个人和少数几个旁观者的情况中进行，“说话签”在两个人之间传递，分享他们对某一问题的想法，一两个旁观者认真倾听以后，可以在这期间或之后分享他们的见解，这种方法对于建立紧密的关系共同体有独特作用。

**5. 倾听圈的注意事项**

（1）倾听圈不是为了解决冲突。

倾听圈的主要目的不是为了解决冲突，而是为了更加理解他人思考问题的角度和导致冲突的原因。

（2）倾听圈不是道德灌输。

倾听圈不是道德价值观的灌输，而是通过用心倾听和真诚诉说的方式形成特定价值的过程。真正的共情形成的关键在于个人能够用一种开放的、延迟评判的态度，全身心地投入倾听他人故事的过程中。

（3）倾听圈形成的态度和价值对学生日后社会情感的发展十分重要。

倾听圈能够帮助学生形成超出性健康教育内容本身的态度和价值观，这些态度和价值观对于学生日后人际关系的建立和维护、个人情感意志的发展、社会化的过程都有十分重要的作用。比如在倾听圈的过程中，学生学会倾听、暂留评判等技能，可以养成倾听他人、真诚相待、建立信任、尊重他人、自尊自爱等各项重要品质，这些态度和价值观对学生日后社会情感的发展有关键作用，尤其是在处理两性关系的过程中。

## 面向生命和心灵的性教育[1]

［新保敦子（日本）］

日本的性教育是比较保守的，很多父母愿意把性教育交给学校，但是学校教育也是存在问题的，比如早期教育纲要里没有提到性教育。1989 年日本改革教育纲要后情况有所好转，五年级的科学课开始教授一些人体知识，如介绍两性的生殖器官。

日本现在的性教育一般是放在保健体育中，除此之外，每个学校也开展一些性教育活动，但是学校之间的差距比较大。所以，家庭不教，学校也不教，结果是社会上的各种信息影响非常大，尤其是网络、电影对学生的影响特别大。

因为性教育缺席，所以初中生的生理问题就比较多，日本性教育面临着挑战。我跟大家分享的是面向生命和心灵的性教育，也就是性教育里包含生命教育和心理教育。

日本非常重视自尊（Self-esteem）教育。2010 年对日本初中生的调查结果非常令人吃惊：第一，初中生在“我认为我是有价值的人”方面的比例，

[1] 改编自日本早稻田大学新保敦子教授的“面向生命和心灵的性教育”讲座。

美国是 57%，中国是 42%，韩国是 20%，但是日本只有 8%；第二，在“自己肯定地评价自己”方面，美国是 41%，中国是 38%，是比较高的，韩国是 19%，日本只有 6%；第三，“满足自己”方面，美国是 41%，中国是 22%，韩国是 10%，日本只有 4%。所以日本在进行性教育时也进行自尊教育和自我保护教育，比如使用情景剧的方式教育学生防范拐卖、性暴力和校园欺凌等。

下面，我想介绍一下冈山县小学的性教育实践。

### 一年级　身体干净的重要性

**目标：**

（1）让孩子关心自己的身体，明白在日常生活中身体干净的重要性，培养孩子“我是利用身体在生活”的思想。

（2）让孩子理解男性和女性在身体上存在不同。

**主要内容：**

（1）玩耍之后，衣服和身体有什么变化吗？

（2）身体的哪里脏了呢？（手、指甲、脚、头发、脸）

（3）穿着衣服的地方弄脏了吗？哪里脏了呢？（在这里告诉学生男孩和女孩的差别在什么地方）

（4）怎么样才能让身体变得干净呢？（从外面回家后要洗手、漱口等）

（5）小便和大便之后如何处理？（小便之后男生不擦，女生要擦一擦；大便之后，从前往后擦。）

### 二年级　生命是丰富多彩的

**目标：**

（1）让学生明白婴儿在出生之前妈妈和家里人的心情，并且懂得尊重自己的生命。

（2）让学生意识到自己在成长过程中是被各种各样的人支持着，让学生有一颗感恩的心。

**主要内容：**

（1）首先，教师给二年级学生的家长写一封信，请他们进行协助。信的内容如下：

**拜　托**

今天的班级活动学习了“肚脐的秘密”。

我们希望通过这节课让孩子们思考肚脐所发挥的作用，并了解“孩子并不是自己长大，而是在家庭关爱下才健康成长的”。

于是，我们想请您给孩子写一封信，告诉孩子他在妈妈肚子里的时候，家人的感受，孩子出生的时候家人都想什么。无论哪位家长写这封信都可以。

这封信在课上会交给孩子，请您用孩子能读懂的语言书写。

这封信请于 × 月 × 日之前写好。

收到家长给孩子们写的信后，开始上课。

（2）提问学生，大家的肚脐在哪里？动物有肚脐吗？让学生看自己的肚脐，于是学生边看着自己的肚脐边想：“为什么我会长这个东西呢？”

（3）教师讲解。宝宝还在妈妈肚子里的时候，宝宝的身体和妈妈的身体通过一根管子连着，宝宝通过这根管子从妈妈的身体获得营养，在肚子里一点一点地长大。

宝宝在妈妈肚子里长到足够大的时候会从妈妈的肚子里出来，出生后宝宝喝母乳或者奶粉长大，不再需要那根从妈妈体内获取营养的管子了。

出生后一周左右，这根管子会自然脱落，脱落后露出来的就是宝宝的肚脐了。

（4）教师引导学生，妈妈在怀孕的时候是什么样的心情呢？家里的其他人呢？学习了肚脐之后，用学到的东西给家里人写一封信吧！

## 三年级　和生命的联系

**目标：**

（1）让学生了解生命的诞生，能够意识到生命的珍贵。

（2）让学生思考自己作为家庭的一员的作用。

（3）让学生能够意识到生命是有很多人支持的，自己只是在很长时间里拿着生命这个接力棒，生命并不是自己一个人的。

**主要内容：**

（1）别人说你像家里的谁，是哪里比较像呢？

（2）我明明是妈妈生的，为什么会有不像妈妈的孩子呢？

（3）让学生意识到自己的生命不仅是父母给的，也和祖父母的生命有关系。

（4）给自己生命的人有多少呢？

（5）男生女生分别从父母那里得到不同的遗传基因。

（6）大家在出生之前，家里人都是怎么想的呢？比如，有一位爸爸给孩子写了一封信。

（7）教师请学生给家里人写一封信。

## 四年级　重要的我

**目标：**

（1）让学生通过学习身体的发育，认识自己和他人的成长。

（2）让学生理解男性和女性的不同，并互相帮助。

（3）能够采取适当的行动在危险中保护自己。

**自我保护：**

（1）问一问曾被不认识的人搭讪，有过害怕经历的人。

a. 一个人乘车回家的时候，不认识的人和你搭讪。

b. 一个人回家的时候，有骑车的青年尾随。

所以，避免独自一人出行。

（2）好好想一想，这些时候怎么办才好呢？

a.“去 ×× 小学怎么走啊，上车带我去吧。”（拐骗）

不要上车，让他们去问别人。

b.“你家里人遇到了交通事故，马上跟我来一趟。”

要果断地拒绝，不要跟他走。

c. 有人一直跟在身后。

快逃跑，大声叫喊。

## 五年级（一） 生命的诞生

**目标：**

（1）让学生明白受精的过程和生命的诞生。

（2）让学生理解自尊，培养学生珍爱自己和他人生命的态度。

**主要内容：**

（1）大家在妈妈肚子里的时候，是什么形状的？

（2）自己是怎么被生出来的呢？

（3）生命的诞生。在这里可以用图片向学生展示精子与卵子结合成受精卵，并在子宫内发育的过程，形象地说明胎儿在母亲肚子中的变化。

（4）请学生采访自己的父母，自己出生之前，家里人是什么样的心情？

（5）请学生写下关于生命自己想到的东西。

## 五年级（二） 信息的辨识

**目标：**

（1）恰当地选择信息。

（2）知道心灵的发育。

**主要内容：**

（1）为什么当你看到杂志里的不良漫画时，心会扑通扑通地跳，会觉得不好意思呢?

（2）你浏览过婚恋网站吗?

（3）学习关于大脑、小脑、脑干、旧脑、新脑的知识，知道人脑中新脑所占的比重很大，额叶是管理情绪的等。

### 六年级 互相尊重

**目标:** 理解青春期的心理。

**主要内容:**

（1）学习新脑与旧脑的不同作用。

（2）在青春期，男女生关系会发生怎样的变化？小学一、二年级男女一起玩；小学三至六年级男女分开玩；小学五、六年级到初中，女生关心男生，希望男生关心自己；初中至高中，男生开始对女生感兴趣，喜欢女生。

（3）女生对男生的关心早是因为女生发育得早。

（4）跟身体的发育一样，每个人开始对异性感兴趣的时间都不一样，有个体的差异，不用担心早或晚。

（5）对异性的关心是由于脑的作用，所有的人都会有这样的经历。

（6）男生女生互相尊重是非常重要的。

## 韩国公立学校性教育标准介绍

［韩娜（韩国）］

### 1. 性教育标准简介

随着经济、社会、文化的发展，来自西方国家的性开放观念对韩国年轻人的影响很大，因此韩国社会对公立学校进行系统的性教育和给予青少年正确引导的呼声越来越高。从 20 世纪 80 年代开始，韩国就开始制作并传播多种性教育材料，如教学指南、阅读材料、视频材料等。2001 年，韩国颁布了给教师使用的性教育教学指导大纲，2004 年开发、普及了“青少年咨询与教育”资料，2007 年通过了学校保健法，2008 年保健科目被指定为国家教育课程，并编写相关教科书，随之公立学校正式开展性教育。2010 年韩国教育部特别开发了针对青少年的性教育咨询活动。尽管做出了很多努力，但是学校在系统开展性教育方面还存在诸多不足。为了解决这些问题，韩国教育部学生健康政策司于 2015 年制定了从幼儿园到高中的性教育标准，并引入公立学校系统。这一标准着力于预防性教育不足的风险，促进学生自我保护，帮助学生从生物学、心理学、社会文化层面等不同角度全面理解性问题。

韩国的性教育标准具有以下特点：

第一，为了保证持续、系统的性教育，建立了适用于从幼儿园到高中的公立学校系统的性教育标准体系。

第二，为学校里从事性教育的教师提供各种学习及教学资料。

第三，立足学校想要了解的内容和担心的问题，在教学方法中加以体现。

第四，以学生为中心，开发丰富多样的活动，让学生在体验中学习。

第五，不仅为教师提供指南，也为学生提供学生工作簿。教师指南包含有助于指导学生的理论资料，学生工作簿包含具体的活动内容，确保学生进行均衡的学习活动。

**2. 性教育标准的内容**

性教育标准按照学生年龄分为六个阶段，分别是幼儿园阶段，小学低、中、高年级阶段，初中阶段，高中阶段。

下面以小学高年级阶段性教育标准为例进行说明。

（1）性教育的内容。

表Ⅳ-1　个体发展的内容

| 主题分类 | 内容 | 活动内容 |
| --- | --- | --- |
| 青春期和生殖器官 | 青春期的性 | 个体发展和青春期<br>青春期的到来<br>青春期的意义和特征 |
| | 了解两性生殖器官 | 生殖器官的名称和功能<br>了解和保护生殖器官 |
| 胎儿发育和生育 | 受精和胎儿发育 | 精子和卵子的结合<br>胎儿的发育 |
| | 了解出生过程 | 出生过程<br>感恩父母 |
| 青春期的变化和应对 | 青春期的身体变化和应对 | 了解青春期身体的变化<br>青春期身体变化的应对 |
| | 青春期的心理变化和应对 | 了解青春期心理的变化<br>青春期心理变化的应对<br>了解个人素质是以积极健康的身体为基础（并积极应对） |

表Ⅳ-2　人际关系的内容

| 主题分类 | 内容 | 活动内容 |
| --- | --- | --- |
| 异性朋友相处 | 异性朋友相处 | 异性朋友相处<br>对异性朋友表示关心的分寸 |
| 幸福家庭 | 幸福家庭 | 我的家庭生活（韩国式家庭面貌）<br>幸福家庭的必备条件 |

表Ⅳ-3　应对方法的内容

| 主题分类 | 内容 | 活动内容 |
| --- | --- | --- |
| 有效沟通 | 多样化沟通 | 同性与异性沟通的必要性<br>与异性朋友有效沟通的方法 |
| | 用“我信息”表达方式沟通 | 以“我”为主体的“我信息”表达方式的意义理解<br>用“我信息”表达方式与异性朋友沟通 |
| | 拒绝上级的方法 | 理解自己主张的意义<br>巧妙的拒绝方法<br>需要的求助方法 |

表Ⅳ-4 性健康的内容

| 主题分类 | 内容 | 活动内容 |
| --- | --- | --- |
| 青春期的健康管理 | 理解青春期生理现象和健康管理 | 青春期男性的生殖器变化<br>梦遗的理解与管理 |
| | | 青春期男女的生殖卫生<br>月经的理解和管理 |
| | | 青春期健康管理法<br>对异性的关怀 |
| 对艾滋病的了解 | 艾滋病的感染和预防 | 了解艾滋病<br>艾滋病的感染途径和预防方法 |

表Ⅳ-5 社会与文化的内容

| 主题分类 | 内容 | 活动内容 |
| --- | --- | --- |
| 性暴力预防及应对 | 家人和亲戚的性胁迫行为 | 家人和亲戚的含义<br>性胁迫行为的含义<br>性胁迫行为的对象和类型 |
| | 性暴力的预防与应对 | 性暴力的含义<br>小学生性暴力情况及案例<br>性暴力典型案例<br>性暴力的预防与应对 |
| | 同龄性暴力的预防和应对 | 同龄性暴力的含义<br>同龄性暴力的预防<br>同龄性暴力的应对<br>创造幸福教室 |
| 性别差异和性别角色 | 了解性别差异和性别歧视 | 性别差异和性别歧视的含义<br>了解性别角色<br>两性平等职业观 |

**续表**

| 主题分类 | 内容 | 活动内容 |
| --- | --- | --- |
| 媒体与性 | SNS（社交网络）的便利性和危险性 | 利用 SNS 的性暴力案例<br>利用 SNS 的性暴力的预防和应对 |
| | 大众媒体的误导性广告 | 性商品化的含义<br>大众媒体中的暗示性广告 |
| 淫秽信息处理 | 互联网上传播的淫秽信息 | 理解网络淫秽信息的危险性<br>网络淫秽信息对青少年的影响<br>网络淫秽信息的应对 |

（2）性教育标准模型。

考虑到不同学校的办学条件和办学特色，性教育标准的实施类型可分为综合型课程、专门型课程、讲座型课程和融合型课程。

表Ⅳ-6 综合型课程

| | |
| --- | --- |
| **特点** | 任课教师和学校卫生员共同授课<br>根据课程相关内容灵活安排课时<br>任课教师可以是品德课、韩语课、体育课、科学课、卫生课以及实践课（小学和初中阶段）的教师 |
| **可融入的课程** | 小学低年级段：综合课，韩语课，健康课<br>小学中年级段：品德课，韩语课，健康课，体育课<br>小学高年级段：品德课，韩语课，健康课，体育课<br>初中阶段：品德课，社会课，科学课，体育课，实践课，健康课<br>高中阶段：生活和伦理，实践课，健康课 |
| **性教育的课时** | 小学低年级段：25 小时<br>小学中年级段：22 小时<br>小学高年级段：18 小时<br>初中阶段：30 小时<br>高中阶段：30 小时 |
| **优势** | 学校的很多教师可以参与，教师的参与性、积极性及对性教育问题的意识都得到了提高<br>学校护士和卫生员的工作得到了分担，可以有更多的精力管理学生的健康 |
| **劣势** | 缺乏专业性 |

表Ⅳ-7 专门型课程

| | |
|---|---|
| 特点 | 规模小于 11 个班级的学校由保健教师负责性教育课程，如制订学校性教育课程计划，安排专门的性教育课时 |
| 导师 | 以保健教师为主，班主任教师为辅 |
| 性教育的课时 | 每周 5.5 小时，30 周，每位保健教师共计 165 小时的课程 |
| 优势 | 保证了性教育的专业性、系列性和系统性 |
| 劣势 | 学校保健教师的负担过重 |

表Ⅳ-8 讲座型课程

| | |
|---|---|
| 特点 | 学校邀请外来专家进行性教育讲座 |
| 导师 | 规模超过 12 个班级的学校可以邀请外部专家和临时教师 |
| 性教育的课时 | 外部专家和临时教师：每周 15 小时，8 周，共计 120 小时的课程（8 个班级的学生管理）<br>保健教师：11 个班级的学生管理 |
| 优势 | 保证了性教育的专业性、系列性和系统性<br>保健教师授课负担减轻 |
| 劣势 | 预算问题 |

表Ⅳ-9 融合型课程

| | |
|---|---|
| 特点 | 结合学校特色和实际情况，以年级为单位，灵活运用综合型、专门型、讲座型等课程 |
| 导师 | 任课教师、保健教师、外部专家和临时教师等所有人力资源 |
| 性教育的课时 | 根据任课教师、保健教师、外部专家和临时教师的需要安排课时数 |
| 优势 | 通过性教育所有成员的共同参与，保证性教育的必要性 |
| 劣势 | 教师的不同背景可能引起教学秩序和内容的混乱<br>教师出现主人公意识不足的可能性 |

图书在版编目（CIP）数据

从保护到赋能 ：农村青春期女童性健康教育教师用书 / 张莉莉，杨贵平主编. -- 南宁 ：广西教育出版社，2022.12
ISBN 978-7-5435-9227-8

Ⅰ. ①从… Ⅱ. ①张… ②杨… Ⅲ. ①女性-青春期-性教育-乡村教育-教学参考资料 Ⅳ. ①G479

中国版本图书馆 CIP 数据核字(2022)第 205273 号

责任编辑：潘　安
责任校对：谢桂清　刘汉明
封面设计：李浩丽　李俊甲
版式设计：李浩丽
责任技编：蒋　媛

出 版 人：石立民
出版发行：广西教育出版社
地　　址：广西南宁市鲤湾路 8 号　邮政编码：530022
电　　话：0771-5865797
本社网址：http://www.gxeph.com
电子信箱：gxeph@vip.163.com
印　　刷：广西桂川民族印刷有限公司
开　　本：787mm×1092mm　1/16
印　　张：14.5
字　　数：205 千字
版　　次：2022 年 12 月第 1 版
印　　次：2022 年 12 月第 1 次印刷
书　　号：ISBN 978-7-5435-9227-8
定　　价：42.00 元